MAIS IGUAIS
QUE OS OUTROS

ELI VIEIRA

MAIS IGUAIS QUE OS OUTROS

Demolindo o identitarismo a partir de suas falácias

COPYRIGHT © FARO EDITORIAL, 2025

Todos os direitos reservados.

Nenhuma parte deste livro pode ser reproduzida sob quaisquer meios existentes sem autorização por escrito do editor.

Avis Rara é um selo da Faro Editorial.

Diretor editorial **PEDRO ALMEIDA**
Coordenação editorial **CARLA SACRATO**
Assistente editorial **LETÍCIA CANEVER**
Preparação **FÁBIO OLIVEIRA**
Revisão **ANA PAULA UCHOA**
Diagramação **OSMANE GARCIA FILHO**
Imagem de capa **FARO EDITORIAL**

Dados Internacionais de Catalogação na Publicação (CIP)
Jéssica de Oliveira Molinari CRB-8/9852

Vieira, Eli
 Mais iguais que os outros : demolindo o identitarismos a partir de suas falácias / Eli Vieira. — São Paulo : Faro Editorial, 2025.
 160 p.

 ISBN 978-65-5957-739-2

 1. Ciências sociais 2. Política identitárias I. Título

24-5700   CDD 300

Índice para catálogo sistemático:
1. Ciência sociais

1ª edição brasileira: 2025
Direitos de edição em língua portuguesa, para o Brasil, adquiridos por FARO EDITORIAL

Avenida Andrômeda, 885 — Sala 310
Alphaville — Barueri — SP — Brasil
CEP: 06473-000
www.faroeditorial.com.br

Para Matheus Souza Celius,
com amor.

Para Ágata Cahill Florêncio de Oliveira,
com saudades.

Prólogo de Antonio Risério..................................... 9
Prefácio de Marize Schons..................................... 11
Introdução... 17
    A situação é séria.. 20

1. CIÊNCIA, ORGULHO E PRECONCEITO..................... 25
    O nascimento do identitarismo................................ 25
    A revolta das humanas.. 27

2. IDENTITARISMO: FONTES INTELECTUAIS.................. 30
    O que é o identitarismo?..................................... 30
    Filho feio tem pai? Qual ideologia política pariu o identitarismo?........ 31
    Por que "identitarismo" e não outro nome?.................... 35
    Ignorando a "Lei de Godwin"................................. 36
    "Teoria" "crítica", a mãe do identitarismo..................... 38
    Pós-modernismo, o pai do identitarismo....................... 40
    Colocando as ideias em prática............................... 44

3. IDENTITARISMO: FONTES INSTINTIVAS.................... 46
    O identitarismo cresce no solo fértil dos vieses e limitações humanas... 46
    Explorando os *tilts* da nossa cabeça.......................... 47
    Fundações morais.. 50
    Identitarismo como antiterapia................................ 54
    Exibicionismo moral.. 56
    O identitarismo é uma religião?............................... 59

4. GÊNERO: O SEXO QUE NÃO OUSA DIZER SEU NOME 63
   Para não falar de sexo, a cultura pariu o conceito de gênero 66
   Uma distinção sem diferença 68
   Respondendo a acusações de "determinismo biológico". 70
   Por que a abordagem identitária dos sexos/gêneros é equivocada 71

5. SOPA DE LETRINHAS: MINORIAS SEXUAIS E SUAS FOBIAS . . . 82
   Quanto maior a sigla, menor o entendimento. 82
   Homossexualidade: todos contra "o gene gay" 85
   Por que a homossexualidade existe? 88
   Transexualidade: o maior campo de batalha política identitária 92
   Homossexuais "no corpo errado", heterossexuais "no corpo certo":
   a tipologia de Blanchard 93
   Contágio social de autoidentificação GLBT 97
   Jamais chame crianças disfóricas de "crianças trans" 99
   Experimentos com crianças sob pressão de ativismo identitário. 102
   Adicionando confusão e negligência médica ao problema do preconceito. . 105

6. GRUPO CONTINENTAL, OU MELHOR, RAÇA 109
   "Não existe raça em humanos, só a raça humana", disseram
   confusamente. 110
   Raças humanas existem, mas os biólogos chamam por outros nomes . . 111
   Se você é contra o racismo, é melhor não ser "antirracista" 116
   Cotas raciais, o identitarismo que não ganha este nome 121

7. DEFICIÊNCIA E RESILIÊNCIA 128
   Identitarismo de obesos está fadado a desmoronar sob o próprio peso. . 129
   Identitarismos contra "capacitismo" e "psicofobia" são mais
   bem-sucedidos. 131
   O lado pouco mencionado da esteira dos eufemismos 132
   Estragos que a abordagem identitária já trouxe para os deficientes. 134

Conclusão 139
   Repensando orgulho e preconceito. 139
Como entrei nesta: breve nota autobiográfica. 142
Notas 146

PRÓLOGO DE ANTONIO RISÉRIO

Ao longo de minha vida, atravessei já algumas marés intelectuais que pareciam definitivas, mas não eram. Daí que, em vez de marés, com seu movimento em vaivém, seja mais correto falar de modas. Entre elas, destaco o existencialismo sartriano, o estruturalismo linguístico-antropológico e, mais recentemente, o "pós-modernismo", com suas ânsias de destronar e detonar o pensamento científico. Do mesmo modo que chegaram, essas modas se foram. E agora estamos assistindo ao início do declínio de mais uma delas – o identitarismo. Declínio visível já nos Estados Unidos e na Europa, onde a expressão "woke" virou pejorativa e anda agora sujeita ao deboche, como a sua antecessora imediata, o "politicamente correto".

No Brasil, como de hábito, as coisas vão acontecendo com atraso. Mais que hegemônico, o identitarismo ainda permanece asfixiando o pensamento, tanto na academia, quanto na mídia. Mas, aqui e ali, intelectuais que não cederam às pressões (e aos dólares) do imperialismo cultural norte-americano, manifestam-se criticamente contra o projeto de implantação desta nova ditadura do pensamento único. Já em inícios do século XXI, vimos a demolição intelectual da então nova moda em escritos de César Benjamin, Demétrio Magnoli, Peter Fry (inglês, mas naturalizado brasileiro) e Yvonne Maggie. Surgiram os primeiros escritos e ensaios contestando o discurso da mentalidade colonizada. E essa onda de recusa do identitarismo provocou inclusive a aparição de jovens intelectuais negros (Paulo Cruz, por exemplo) se colocando como adversários da esquerda racialista, na linha do que Coleman Hughes tem feito nos Estados Unidos.

Este livro de Eli Vieira, que agora vem à luz, chega em boa hora, quando, também entre nós, a canoa do identitarismo principia a fazer água pra valer. Naufrágio à vista, claro. E Eli contribui para isso com um livro culto, sólido e lúcido, onde não só afirma com rara clareza suas ideias, como também desbasta o matagal à sua volta, das críticas mais do que necessárias à Escola de Frankfurt e ao tantas vezes obscuro Michel Foucault, até à ridicularização de clichês como os famigerados "lugar de fala" e "construção social" (quando, há tempos, já os neokantianos nos ensinavam que, com o surgimento da linguagem, tudo é "construção social"). Entre uma coisa e outra, ele não se furta a lembrar que a mulata Angela Davis, "pantera negra" radical, conta, entre seus antepassados, com senhores de escravos.

Enfim, este é um livro que merece ser lido com sensibilidade, atenção e mente aberta. Em meio à enxurrada de baboseiras identitaristas que abundam por aí e de meras produções plagiárias (como no caso do "racismo estrutural", que a ignorância da mídia atribui a um ex-ministro tarado), Eli é pássaro de outra plumagem. Vamos ouvi-lo.

Antonio Risério

PREFÁCIO DE MARIZE SCHONS

Interpretar a própria geração é o maior desafio para quem se propõe a exercer um trabalho intelectual. Quando esse objetivo explicativo soma-se à vocação de contribuir para o debate público, o trabalho exige ainda mais esforço. Se, para explicar, precisamos de rigor, para participar do debate público precisamos de capacidade comunicativa, rompendo as barreiras da linguagem técnica a fim de alcançar um público mais amplo. Nesse processo, sempre existe o risco de simplificar o que é complexo. Por isso, é necessário exigir do intelectual público uma inteligência sutil, pois a complexidade humana não comporta convicções arbitrárias.

Para evitar o risco de banalização, o preciosismo hesitante ao lidar com assuntos complexos acaba se tornando uma espécie de rua sem saída, pois nos paralisa. Nesse sentido, o formalismo exagerado funciona como uma armadura que aparentemente protege o intelectual dos custos emocionais de participar genuinamente do debate público. Esse papel exige disposição para enfrentar polêmicas e tabus. Sob esse prisma, a meticulosidade pode ser interpretada como uma espécie de covardia. Contudo, a vulgarização é um desleixo inadmissível para aqueles preocupados em evitar que o debate público se torne um palco de discursos hipócritas e simplificadores. O trabalho de Eli Vieira busca esse difícil equilíbrio. Este livro não tenta minimizar ou desqualificar os problemas que o identitarismo aponta, mas sim dissecar as contradições e equívocos dessa "tendência política e intelectual". Deste modo, apesar de ter raízes em movimentos sociais legítimos, o identitarismo tornou-se um sistema de crenças que distorce a realidade.

Partindo da premissa de que o identitarismo é uma força cultural contemporânea que domina o espaço público, Eli não se satisfaz em ser apenas um observador. Seu tom crítico é muitas vezes severo, mas sem cair no raciocínio reativo que se limita a antagonismos inflexíveis. Essa postura evidencia uma das melhores características de seu trabalho: a coragem de ser um crítico independente, que não se submete a "etiquetas" políticas de qualquer natureza. Ainda assim, sua posição no debate não permite ambiguidades convenientes disfarçadas de "isenção" ou "moderação". Isso seria apenas mais um exemplo do "exibicionismo moral" criticado pelo autor ao longo da obra. Para Eli, o identitarismo conduz a soluções injustas e contraproducentes.

O autor apresenta vários exemplos de como os "dogmas" identitários prejudicam áreas como a liberdade de expressão, a pesquisa científica e o sistema de justiça. Seu repertório, como cientista, permite expor os vieses cognitivos que não só inviabilizam o diálogo no espaço público, mas também criam tabus que prejudicam o avanço da ciência. A priorização da identidade em detrimento da razão e do diálogo mina os fundamentos que sustentam instituições que os próprios identitários dizem defender. Como diz a expressão popular, é como deixar a raposa cuidando do galinheiro, ou seja, o aparente defensor é na verdade o algoz.

Como viabilizar uma democracia sem acreditar que o diálogo racional pode construir consensos, ainda que impermanentes? Como promover uma sociedade plural e tolerante sem instituições flexíveis o suficiente para acomodar diferenças inevitáveis? Como assegurar direitos concretos aos vulneráveis se o epicentro das discussões permanecer no fetiche pela "mudança da linguagem" como instrumento de emancipação? Eli argumenta que o identitarismo inviabiliza o avanço na resolução desses problemas. Esse impasse não se restringe aos comportamentos políticos, mas é incentivado por tendências intelectuais fragmentadas, como as da Escola de Frankfurt e do Pós-estruturalismo. Um dos resultados dessas disputas intelectuais recentes é o incentivo a uma postura política cínica em relação à esperança liberal de construir um futuro mais justo e igualitário baseado em valores universais.

Os valores universais propostos por Eli não estão baseados em expectativas hegemônicas ou controladoras. Pelo contrário, são esses valores que criam uma lógica inclusiva e plural, onde o indivíduo não é determinado por hierarquias pré-estabelecidas e inalteráveis. O caminho proposto por Eli Vieira é tipicamente liberal clássico. Apesar de reconhecer que as relações sociais nem sempre são harmônicas, ele busca meios para viabilizar relações pacíficas sem a atomização dos indivíduos ou a cristalização de convenções autocráticas. Como liberal típico, Eli não teme a incerteza inerente e tampouco o caos, pois onde há caos, não necessariamente há desordem. A ordem social é fragmentada e difusa, e essa complexidade é uma característica intrínseca da sociedade, não um problema a ser resolvido. O risco de inviabilizar a sociedade está mais na busca por soluções hegemônicas e uniformizadoras do que na aceitação das contradições cotidianas.

Esse humanismo liberal clássico está "fora de moda" e, para o autor, isso é um problema. O ceticismo radical em relação à razão como atributo universal contribui para o cinismo que compromete a construção de uma sociedade aberta. Sem consensos possíveis, mesmo que limitados, o espaço público torna-se uma arena de luta e ressentimento, mais polarizadora do que cooperativa. Nesse cenário, o identitarismo, apesar de se autoproclamar tolerante, aposta na aniquilação da divergência e na busca por hegemonia, abandonando o compromisso com uma sociedade plural e aberta.

Descrever a ambivalência entre o discurso progressista da pluralidade e a intolerância que o acompanha é uma tarefa complexa, mas necessária para compreender nosso tempo. Os atores identitários, ao reconhecerem injustiças legítimas, tornam-se permissivos a certas violências, desde que comprometidas com a "libertação do oprimido" e "combate aos opressores". Assim, desumanizam aqueles que resistem ou questionam seus métodos, adotando um discurso aparentemente emancipador que, na prática, se revela autoritário.

Contudo, não podemos cair na armadilha de acreditar que uma reatividade inflexível seja capaz de atenuar o ambiente de mal-estar social. Por mais que a reação ao identitarismo, por parte de setores oposicionistas, seja compreensível, a forma de oposição precisa estar no centro do debate. Não parece razoável adotar métodos igualmente sectários que se limitam a propor uma série de etiquetas exigentes, desde que estas se diferenciem da "estética identitária". Recorrer aos mesmos instrumentos significa aprofundar ainda mais o clima de polarização e violência.

Por outro lado, esconder-se por trás de um discurso de isenção e moderação é apenas uma forma de fugir e negar o problema. Nesse sentido, devo admitir que Eli Vieira é muito mais corajoso e arrojado do que eu, que ainda me vejo assombrada pelo fantasma da retaliação. Quem pouco faz também erra menos. A leniência é confortável, mas é, ao mesmo tempo, profundamente egoísta. Quem busca refúgio nos eufemismos consegue moldar seu discurso de acordo com as expectativas do público. Essa postura não é apenas um exemplo de omissão, mas também uma atitude covarde (ainda que compreensível).

Em um ambiente de disputa, é impossível agradar a todos. No entanto, não podemos esquecer que a sobriedade ainda tem seu valor, embora nem sempre seja algo que os supostos moderados consigam realmente oferecer. A "fleuma inglesa" de Eli o auxilia nesse aspecto, pois lhe proporciona habilidade peculiar de ser ácido sem se perder na reatividade. Embora sua identidade não esteja em questão — o que seria contraditório —, sua personalidade complexa lhe permite enxergar o mundo levando em conta as ambivalências, algo refletido em sua biografia, que também é marcada por elas.

Apesar do notável esforço de Eli Vieira, considero que esse assunto está longe de ser esgotado. Uma das questões que exige mais pesquisa e análises rigorosas é quanto à relação entre o identitarismo e o marxismo; assim como o identitarismo e as demais manifestações doutrinárias. Como muito bem aponta o autor: ninguém quer ser pai do filho maldito.

Para avançar nesta discussão sobre a relação entre o identitarismo e o marxismo*, é imprescindível realizar esse exercício comparativo, mas evitando a falácia da associação (guilt by association), que sugere que a história é baseada em uma espécie de reação em cadeia de "ideias nefastas interessadas em destruir a civilização ocidental". Para evitar tal simplificação, o exercício comparativo não pode apenas destacar as semelhanças enquanto dissimula as diferenças. Também não podemos desconsiderar que, quando falamos de "marxismo", diferentes teorias e autores fazem parte desta tradição.

Minha singela contribuição é que tanto o identitarismo quanto a tradição marxista, nesse sentido amplo, partem do "paradigma do conflito". Ou seja, as relações sociais são compreendidas como relações de conflito, em contraste com o pressuposto mais otimista e cooperativo que geralmente orienta os pensadores liberais. Tanto o pensamento original de Marx quanto o identitarismo concebem a sociedade como um espaço de luta constante, embora o conteúdo dessa luta não seja o mesmo. No entanto, a distinção não se limita a uma diferença qualitativa ou à forma como o conflito é descrito. O ponto mais importante dessa diferença entre o identitarismo e o pensamento marxiano** reside em uma divergência epistemológica: embora Marx reconheça a relação entre conhecimento e poder (ao abordar o tema da ideologia, especialmente nos seus escritos da juventude), essa abordagem privilegia a análise das relações de conflito no mundo material, que, por sua vez, pode ser conhecido por meio de um método.

A orientação intelectual do identitarismo, por outro lado, demonstra um ceticismo radical em relação à concepção de verdade. Essa postura praticamente inviabiliza o conhecimento científico como um saber sistemático, dotado de autoridade sobre outras formas de conhecimento. Em outras palavras, Marx acreditava no potencial da descoberta científica, desde que fosse estabelecido um método rigoroso, enquanto a tendência intelectual contemporânea tende a desconfiar e a desconstruir essa expectativa.

As relações de conflito, no caso do identitarismo, são justificadas por meio de "supostas" estruturas abstratas, que não necessariamente exigem um projeto teórico e metodológico rigoroso. Dessa forma, apesar de tanto o identitarismo

---

* Entender "marxismo" como uma tradição ampla que envolve diferentes correntes e autores que nem sempre concordam.
** Entender marxiano como referência ao pensamento original de Marx. Entender marxismo como uma tradição teórica ampla com diferentes correntes que são intérpretes do pensamento original de Marx.

quanto o pensamento marxiano questionarem o projeto "científico burguês", Marx ainda nutre uma espécie de esperança iluminista em fundar um projeto "verdadeiramente" científico, capaz de desvendar essas relações de poder que nem sempre são aparentes. Já os identitários adotam uma postura cínica em relação à ciência e seus exigentes protocolos (para entender melhor essa questão, veja a disputa entre Adorno e Popper no Congresso da Sociedade de Sociologia Alemã em 1961).

Entretanto, apesar dessa diferença quanto à "possibilidade de obter conhecimento", o pensamento crítico de Marx, embora preserve alguma esperança na especificidade da ciência, também se propõe a superar e desconstruir os postulados que fundamentam a concepção burguesa/iluminista/moderna de ciência. A proposta de Marx estabelece o materialismo histórico-dialético (seu projeto pretensamente científico) como o critério de demarcação entre o que é ciência e o que é ideologia. Nesse sentido, "ser ideológico" e, por isso, "não científico" significa distorcer ou obscurecer as verdadeiras relações sociais, econômicas e políticas que "servem aos interesses das classes dominantes".

Para superar os limites ideológicos e por isso "alienantes do pensamento burguês", Marx propõe que a ciência esteja baseada em uma "unidade de teoria e prática". A proposta de unidade de teoria e prática é um princípio central no pensamento de Marx, que sustenta que a teoria não deve ser um exercício abstrato e desvinculado da realidade social e histórica, mas deve estar intimamente ligada à ação prática e à transformação do mundo. Esse princípio se baseia na ideia de que a teoria serve para entender as contradições da realidade social, enquanto a prática é o meio para transformá-la.

Por mais que o identitarismo esteja muito distante das tendências materialistas do "marxismo tradicional", ambos estão partindo do pressuposto da "unidade de teoria e prática" que, portanto, sugere que a ciência não serve apenas para compreender o mundo, mas para mudá-lo. Essa proposta, que no século XIX acreditou que poderia ser científica, paradoxalmente, borrou para sempre a fronteira entre ciência e ideologia e, por conseguinte, confundiu permanentemente a vocação do cientista e a vocação do político*. É a partir dessa lógica que Marx afirma: *"Na luta contra eles, a crítica não é uma paixão do cérebro, mas o cérebro da paixão. Não é o bisturi anatômico, mas uma arma. Seu objeto é o adversário, que não procura refutar, mas destruir."*** Ou seja, conhecer não significa explicar e descrever o mundo, conhecer significa transformá-lo.

---

* ver *Ciência e Política: duas vocações*, de Max Weber.
** ver citação em *Crítica da Filosofia do Direito de Hegel*.

Considero esta uma das principais razões para a crise que estamos vivendo em relação à ciência. Essa postura coloca o cientista contra a parede, obrigando-o a escolher, antes de qualquer coisa, em qual lado da "trincheira" se posiciona. Enquanto os epistemólogos tradicionais se preocupam com a possibilidade de o conhecimento ser utilizado para fins ideológicos, a retórica crítica identitária afirma que o conhecimento inevitavelmente "está a serviço de determinados interesses". Diante das limitações do conhecimento científico, cabe ao pesquisador fazer a escolha moral de contribuir "com o oprimido ou com o opressor". Essa postura transforma disputas que antes eram intelectuais em disputas estritamente políticas. O debate científico, geralmente imaginado a partir da expectativa liberal/burguesa de um "espaço público de diálogo", acaba sendo inviabilizado, pois a ciência se reduz a uma arena de luta. Em resumo, o objeto central deste livro, portanto, o identitarismo, baseia-se na crença de que o pesquisador não pode conhecer objetivamente, mas pode estar "do lado certo da história".

— Marize Schons,
doutora em sociologia e
autora de *O mínimo sobre Marx.*

INTRODUÇÃO

Não é verdade que sapos esperam pacientemente serem cozidos em panelas se a temperatura for elevada lentamente. Esse mito é um insulto aos pobres anuros, que, como os outros animais, são capazes de autopreservação. Mas o mito ilustra uma ideia importante: estar imerso em uma realidade dificulta a percepção de mudanças lentas e sutis. Aqueles que se afastam dessa realidade e depois retornam a ela são os que mais percebem o quanto as coisas mudaram.

Essa foi a minha experiência ao visitar a casa dos meus pais, em Minas Gerais, a partir de 2017. Após dez anos sem assistir à tevê aberta no Brasil e uma temporada fora do país, o que vi na programação contrastou bastante com o que eu me lembrava de assistir na infância e adolescência. Percebi uma mudança semelhante nas redes sociais dos mundos anglófono e lusófono, que começou aproximadamente em 2012. É provável que os maias estivessem certos: o mundo acabou naquele ano, e agora estamos todos no purgatório.

Nos programas de bate-papo, notícias, novelas e até comerciais, foi apresentado a mim um país novo, em constante crise. Mas essa não era exatamente a novidade: era a natureza da crise. Era um problema que dizia respeito a mulheres vítimas do machismo e da misoginia, negros vítimas do racismo, minorias sexuais vítimas da homofobia — que se fragmentou em várias outras fobias, pois uma só não bastava para descrever o problema e sua complexidade. A intolerância contra pessoas obesas e deficientes também parecia um problema urgente, que ganhou os nomes "gordofobia" e "capacitismo". Poucos anos antes, os maiores problemas do país pareciam ser outros.

A novidade tem outros aspectos. Esses problemas, já conhecidos antes, mereciam uma solução nova em várias frentes. Um vocabulário novo: enquanto "mulata" era algo normal, ao ponto de ser a descrição de uma moça que todos os anos dançava nua na tevê quase o dia todo na época do Carnaval, hoje é uma palavra proibida e racista. Outras inovações interpretativas viam más intenções racistas em expressões comuns como "criado-mudo", "fazer nas coxas", "a coisa está preta" e outras.

O foco linguístico e simbólico também era visto na expansão da sigla para as minorias sexuais e para o movimento, que passou de GLS, décadas atrás, para versões como a utilizada em 2021 pelo primeiro-ministro canadense Justin Trudeau: 2SLGBTQQIA+. Até janeiro de 2022, uma empresa de cibersegurança considerava essa sigla uma "ótima senha" que levaria "327 séculos" para ser decifrada. Já a bandeira do arco-íris, depois de quatro décadas sendo a mesma, foi reformada em 2018 com um triângulo novo, com faixas marrom e preta, representando pessoas de pele com essas tonalidades. A faixa azul era para representar os "smurfs", mas não sabíamos. Atualmente, a nova bandeira, denominada de "orgulho progressista" por seu criador, está amplamente difundida.

A julgar pelas conversas que ocupam todos os programas de bate-papo e telejornais, os problemas desses grupos maltratados só seriam resolvidos se conversássemos cada vez mais sobre eles. Entretanto, a conversa seria rigidamente monitorada, já que, se alguém pisasse fora da linha, rapidamente estaria em pecado por reproduzir "discurso de ódio", o qual, segundo o novo consenso, está fora do direito de liberdade de expressão. Além disso, havia uma reafirmada superioridade epistêmica da experiência pessoal, de forma que somente uma vítima de uma opressão teria a autoridade necessária para comentá-la — a isso denominaram "lugar de fala".

Tudo isso, aliás, seria óbvio. Como poderia haver alguém não racista, não machista, não homofóbico, que discordasse? Outra solução óbvia para esses problemas, além da repetição exaustiva da existência deles, seria tratar cada um dos grupos-alvo dos preconceitos, das discriminações injustas e violências (que passaram a incluir insultos verbais) com atenção especial, pois a verdadeira igualdade (ou melhor, equidade) consiste em promover os desiguais conforme o grau de suas desigualdades. Este mantra nos lembra "uns são mais iguais que os outros", da fábula política *A Revolução dos Bichos*, de George Orwell. Propostas de regras iguais para todos são rejeitadas como uma mera tentativa de preservar o *status quo* opressor.

Este livro trata desse fenômeno, que aqui será chamado de *identitarismo*. Minha proposta é demonstrar que o identitarismo está equivocado tanto no que propõe no campo do conhecimento sobre os grupos que enfatiza, assim como no campo da ética e, por extensão, da política. Com base nos estudos que condensei neste livro, demonstrarei que o identitarismo e seus adeptos, denominados "identitários", não se configuram como herdeiros das causas justas relacionadas aos direitos civis de minorias e mulheres, mas alteraram de tal modo a abordagem desses temas que, em muitos casos, assumem a posição de quase opositores dessas mesmas causas.

INTRODUÇÃO

Iniciaremos a Parte I definindo o conceito de identitarismo após apresentar um breve panorama do contexto intelectual em que surgiu, pois uma das formas de defesa contra críticas usadas por seus adeptos, inclusive por aqueles que acreditam ser críticos, alega que não existe uma definição clara para o identitarismo. Ainda que fosse verdade, é equivocada a premissa de que não temos qualquer noção do que algo é até que se ofereça uma definição formal. Sem uma definição adequada, insinuam, talvez a própria ideia sequer exista.

O identitarismo possui fontes intelectuais bem definidas, embora críticos diferentes tentem identificar origens que coloquem o "filho feio no colo" de alguma ideologia que rejeitam. Embora alinhado ao liberalismo clássico, reconheço que minha própria ideologia política poderia ter alguma influência no surgimento das políticas identitárias. Contudo, se há influência, é irrelevante, visto que nenhuma doutrina está imune a interpretações equivocadas e a distorções que não decorrem logicamente de seus princípios. O liberalismo clássico não defende a censura nem o tratamento especial que os identitários reivindicam, e isso é suficiente para mim.

Contudo, falta na literatura crítica ao identitarismo um panorama abrangente de suas origens, que transcenda a história das ideias. Intelectuais tendem a exagerar a relevância da história das ideias, previsivelmente. Procurarei remediar esse viés. Além das ideias, veremos que o identitarismo também se origina em vieses cognitivos e cacoetes sociais da mente humana, fenômenos que chamei de "fontes instintivas".

Finalmente, na Parte II, tratarei de cada categoria de gente que ocupa as obsessões dos identitários. Ao contrário do identitarismo, não colocarei o "carro na frente dos bois": antes de tentarmos fazer algo por esses grupos, precisamos compreender quem eles são. Começaremos pela análise do gênero, ou melhor, sexo; em seguida, abordaremos as minorias sexuais, as variações raciais e continentais da nossa espécie, e as diferenças associadas a deficiências físicas e mentais. Ao final de cada capítulo desta parte, apresentarei um exemplo claro de vítimas dos preconceitos que o identitarismo alega combater, seguido por um caso em que as ideias identitárias inspiraram injustiças análogas ou idênticas às causadas por esses preconceitos.

Ao fim dessa jornada, espero que o leitor conclua a leitura mais enriquecido, e menos inclinado a repetir os conceitos rasos que ocuparam todos os espaços públicos.

Os identitários dividem o mundo em identidades angelicais e identidades demoníacas, e rapidamente destacarão facetas da minha identidade para desconsiderar a crítica apresentada aqui. O que somos, contudo, dificilmente se encaixa facilmente no que está pré-moldado neste moralismo.

Em situações em que se é confrontado por identitários, o que raramente é agradável, é importante lembrar que há termos para designar quem desqualifica a opinião de alguém com base em sua cor, sexo, sexualidade ou origem. Termos como racismo, sexismo, xenofobia etc. Originalmente, esses termos possuem definições que não pressupõem quem é o perpetrador ou a vítima, já que a intolerância reside no que se acredita ou pratica de maneira equivocada nessas situações. O fato de alguns grupos serem alvo preferencial dessas intolerâncias não implica que sejam os únicos alvos. É crucial entender que, em muitas ocasiões, os identitários querem *licença moral* para cometer exatamente aquilo que alegam condenar.

O primeiro passo para superar a perspectiva limitante e estultificante do identitarismo é voltar a defender que **aquilo que dizemos e fazemos é muito mais importante do que aquilo que somos**, especialmente quando o somos por acidente. Caso contrário, criaremos uma hierarquia que permitirá que alguns escaspem de punições por ações irregulares, enquanto outros serão penalizados por fazer as mesmas coisas. Minha identidade não é totalmente irrelevante, mas possui uma importância muito menor do que os contempladores de umbigo estão dispostos a admitir.

A SITUAÇÃO É SÉRIA

Abordei o problema com uma dose de bom humor. Mas não se deve confundir o bom humor de um observador com falta de seriedade em relação ao problema. Nos Estados Unidos, cujo clima cultural é um prenúncio do que acontece no Brasil, a adoção de posições identitárias destruiu a credibilidade da renomada ACLU (União de Liberdades Civis Americana).[1] Felizmente, outra organização preencheu o vácuo deixado pela ACLU na defesa da liberdade de expressão: a FIRE (Fundação pelos Direitos e Expressão Individuais).

Com dados de 150 mil universitários entrevistados ao longo de quase cinco anos, os relatórios anuais da FIRE figuram entre as principais fontes para o clima cultural acadêmico. O estado da cabeça do estudante universitário é preocupante: em uma escala de 0 a 100 para o "clima de expressão", Harvard obteve nota zero e apenas quatro de 254 instituições de ensino superior avaliadas apresentaram um clima de expressão considerado "bom". A nota máxima foi 78. Um terço dos estudantes das cinco universidades com as piores notas, incluindo Harvard, acredita ser aceitável recorrer à violência para silenciar palestrantes cujas opiniões considerem repugnantes.

Fica claro que o identitarismo tem muito a ver com esse clima cultural repressivo: dois terços dos universitários defendem a proibição, em seus *campi*, de palestrantes que expressam a crença de que o movimento identitário de raça *Black*

INTRODUÇÃO

Lives Matter (BLM) é um grupo de ódio e que pessoas transexuais sofrem de um transtorno mental. O principal manual psiquiátrico americano e a Organização Mundial da Saúde seguem classificando como transtorno mental o que chamam de "disforia de gênero" e "incongruência de gênero". Esses estudantes, portanto, querem expulsar de seus *campi* a perspectiva da própria medicina.

Quanto ao BLM, a sua filial de Chicago homenageou nas redes sociais a tática do grupo terrorista islâmico Hamas de descer com parapentes atirando sobre uma plateia de jovens civis em um festival de música em Israel, em 7 de outubro de 2023. O ataque resultou em 260 mortos no festival, incluindo três brasileiros, e cerca de 1200 vítimas no total.[2] O grupo apagou a postagem e se desculpou depois, mas não foi o único nesse segmento de ativismo a expressar essa opinião. Diversos ativistas retratam os terroristas como oprimidos e suas vítimas como opressoras.

O Hamas, por sua vez, já empregou a retórica identitária. Yahya Sinwar, ex-líder do grupo e mentor do ataque ao festival, afirmou em uma entrevista em 2021 que "o mesmo tipo de racismo que matou George Floyd está sendo usado em Israel contra os palestinos".[3] O sufocamento de Floyd nos Estados Unidos em 25 de maio de 2020 por um policial, que foi uma morte trágica, teve inflado qualquer mínimo sinal de evidência de racismo, e desconsideradas quaisquer explicações alternativas, incluindo aquelas baseadas em dados brutos e publicações científicas.[4]

Como resultado dessa interpretação, irrompeu no país uma onda de protestos raciais que se espalhou pelas ruas, gerando um prejuízo estimado entre um e dois bilhões de dólares — o maior da história do país,[5] e mais mortes pelo caminho. Em pleno início de pandemia, autoridades de saúde deram uma volta de 180° em seu discurso — antes predominantemente alarmista — para afirmar que realizar aglomerações em protesto contra o "racismo" era mais importante do que evitar a disseminação do vírus.[6] Revistas científicas abraçaram esta e outras causas identitárias em seus editoriais[7] e aplicaram o novo credo em seus padrões de aceitação[8] e rejeição[9] de artigos técnicos.

A ciência médica também foi parcialmente capturada na inclusão de atletas com vantagens obtidas em puberdade masculinizante no esporte feminino, e pela insistência no programa insensato que promove o bloqueio da puberdade em crianças com disforia de gênero, apesar de estudos indicarem que a maioria das crianças experimenta remissão do desejo de mudança de sexo com o passar do tempo.

Tal é a influência e o poder do identitarismo. O exposto acima é dramático, mas representa uma pequena amostra. Alguns dos efeitos culturais ainda não foram mensurados, enquanto outros são imensuráveis. É função deste livro explicar e criticar esse conjunto de ideias, atitudes e vieses.

PARTE I
O IDENTITARISMO, MODO DE PREPARO

1. CIÊNCIA, ORGULHO E PRECONCEITO

O NASCIMENTO DO IDENTITARISMO

> *Vaidade e orgulho são coisas diferentes, embora as palavras sejam frequentemente usadas como sinônimos. Uma pessoa pode ser orgulhosa sem ser vaidosa. O orgulho se relaciona mais com a nossa opinião sobre nós mesmos, a vaidade com o que gostaríamos que os outros pensassem de nós.*
>
> — Jane Austen, *Orgulho e Preconceito*, 1813.

Há muitos livros que exploram a nossa posição no mundo de acordo com a ciência e concluem que ela nos colocou em nosso devido lugar, forçando-nos à humildade. Quase sempre, essas obras abrem com o destaque de descobertas cruciais que transformaram nossa percepção sobre o nosso lugar no universo.

Uma dessas descobertas ocorreu em 1543, quando Nicolau Copérnico propôs que a Terra orbita o Sol, e não o contrário, removendo-a do centro do universo. Essa ideia, que parecia radical para a época, obrigou-nos a repensar nossa posição no cosmos.

Outro exemplo: Galileu Galilei, que foi condenado à prisão domiciliar por heresia ao defender as ideias de Copérnico. Andreas Vesalius também desempenhou um papel importante ao publicar em sete volumes belamente ilustrados um atlas do corpo humano que demonstrava os erros das grandes autoridades sobre o tema. Nesse caso, a humilhação recaiu sobre as autoridades que eram até então admiradas.

Friedrich Wöhler, em 1828, anunciou ter sintetizado a ureia em laboratório, indicando que uma substância até então só produzida por seres vivos poderia derivar de matéria prima não viva, o que foi um avanço significativo na compreensão da vida e da química orgânica — e sugeriu que se a vida tem algo de especial, está na forma como seus componentes se organizam, não em um princípio vital especial.

Por fim, mas não menos importante, em 1859, Charles Darwin demonstrou minuciosamente que nossa presença no mundo não se assemelha à de um relógio encontrado em uma praia, que sugere de imediato a existência de um relojoeiro, mas sim à de uma pessoa com olhos castanhos em uma árvore genealógica composta por várias outras pessoas com olhos castanhos.

Essas descobertas revolucionárias nos permitiram compreender melhor o nosso lugar no universo e evidenciaram que não somos o centro do mundo. Em vez disso, somos apenas uma pequena parte de um todo vasto e complexo. Nossa *identidade* foi transformada, talvez ferida.

Na própria biologia, características antes consideradas exclusivas dos seres humanos revelaram-se menos singulares: ter mãos habilidosas e usar ferramentas, ter comportamentos aprendidos, socialmente transmitidos, entre indivíduos e através das gerações (cultura), ter um cérebro grande proporcionalmente ao corpo, ter comunicação por som com sotaques regionais, sacrificar-se por seus pares, demonstrar autoconsciência ao se reconhecer no espelho.

Todas essas características encontram paralelos no mundo natural, com exemplos de outras espécies capazes de manifestá-las, como macacos, aves, baleias e golfinhos. Não somos os únicos a possuir tais características, não em termos qualitativos que nos permitam monopolizar essas virtudes, mas sim quantitativamente, uma vez que as levamos a um nível mais elevado. O próprio Darwin expressou uma ideia semelhante.[1]

A mecânica quântica do século XX, particularmente a interpretação de Copenhague, propôs a existência de limites para a nossa capacidade de compreender o universo. No entanto, essa visão tem sido contestada por críticos que argumentam que essa aparente humildade reflete mais nosso desconforto diante do avanço da ciência do que uma barreira intelectual genuína.

A ciência é uma empreitada intelectual de investigação que, assim como outros tipos de inquérito, deriva o seu poder da convergência de mentes, semelhante àquela que ocorre no senso comum, potencializada por acúmulos culturais e o apoio de recursos como a imprensa, a estatística, os instrumentos, os computadores e a própria comunidade de pesquisadores.[2] Assim como a investigação criminal, que não garante um veredito de culpa ou inocência, a investigação científica não assegura que a nossa imagem sairá engrandecida ou surrada. Saber pode doer.

A REVOLTA DAS HUMANAS

> *O fascismo pode ser definido como uma forma de comportamento político marcado por obsessões com o declínio da comunidade, humilhação ou vitimização, e por cultos compensatórios de unidade, energia e pureza, nos quais um partido de base popular composto por militantes nacionalistas comprometidos, trabalhando em colaboração desconfortável, mas eficaz, com as elites tradicionais, abandona as liberdades democráticas e persegue com violência redentora e sem restrições éticas ou legais objetivos de limpeza interna e expansão externa.*
> — Robert O. Paxton, *The Anatomy of Fascism*, 2004.
> Ênfase adicionada.

O desencantamento do mundo e da posição do ser humano nele incomodou os profissionais que lidam com seres humanos, suas histórias e culturas. Conscientemente ou não, muitos estudiosos reagiram pela tentativa de provar de alguma forma que nós somos mais maleáveis do que resistentes a propostas de autoaperfeiçoamento, mais semelhantes à água que à pedra dura. E se pudéssemos nos libertar de pulsões inconscientes e traumas de infância que seriam as verdadeiras e removíveis influências negativas em nosso comportamento? E se as imperfeições das nossas sociedades puderem ser eliminadas tão facilmente quanto a remoção de um curativo?

Nas humanidades, a revolta do orgulho diante da humilhação científica se ramificou em uma outra nova genealogia de manifestações. Por exemplo, a teologia mantém uma relação tensa especialmente com Darwin e seu aparente desafio à ideia da humanidade como filha planejada. Argumentou-se que a alma permaneceria imune à ameaça científica, mas ainda persiste o desafio de distingui-la das nossas faculdades intelectuais e psicológicas, como as emoções e até mesmo o autoengano, as quais continuam sendo objeto de explicações ousadas fundamentadas em genética, evolução e neurociência.

No campo político, os comunistas — em grande parte ateus — seguiram por outro caminho. Seria para eles um revés ideológico se houvesse algo na natureza humana que fosse profundamente resistente à igualdade material, ao sonho de um mundo sem classes e à revolução que destronasse os "burgueses" e devolvesse aos "proletários" o orgulho que lhes é supostamente merecido pela criação de valor econômico por meio do trabalho. Para os socialistas, a ordem desigual da sociedade como observada por Karl Marx em Londres não poderia ser justa, espontânea ou natural.[3]

Ao rejeitar o socialismo do tipo que ele acusava de ser utópico, Marx propôs um socialismo supostamente científico, empregando termos de aparência técnica, como "leis do movimento" — termo apropriado diretamente de Isaac Newton, em uma aparente manifestação por parte do alemão de *inveja da física*.[4] Marx também adaptou as ideias de curso predefinido na história, derivadas do filósofo Georg Hegel, que tinham um tom pré-moderno e místico, para algo que aparentasse mais "científico" ao ser caracterizado como "materialista".

Quando se buscou implementar a ideia do socialismo "científico" em sociedades de carne e osso e tijolo e cimento, o legado do antigo filósofo liberal John Locke assombrou os comunistas não apenas na teoria do valor-trabalho (que ele criou antes de Marx[5]), mas também por meio da doutrina da *tábula rasa*,[6] que afirma que o ser humano possui pouco ou nenhum componente biológico em sua constituição mental, sendo um produto quase exclusivo da "criação", da cultura e do ambiente, especialmente do meio social.

Marx e seu "pagador de mesadas" Friedrich Engels não adotaram a doutrina de maneira explícita, mas insistiram que a natureza humana é muito inconstante e flexível. Marx afirmou que "a verdadeira natureza do homem reside na totalidade das relações sociais", ou seja, não se concentrou nos instintos individuais, mas os diluiu nas relações sociais, desfazendo o indivíduo como quem desfaz um nó.

No século XX, a adesão dos comunistas à doutrina da tábula rasa foi mais explícita. Lenin apoiava a ideia de criar um "novo homem" comunista, um conceito que se disseminou entre outros ditadores socialistas. Mao Tsé-Tung comparou explicitamente os indivíduos subjugados por seu regime a "uma folha de papel em branco" na qual ele pudesse escrever o que quisesse (como sabemos, o porrete serviu como lápis). O sangrento Khmer Vermelho, partido comunista do Camboja, usava como um de seus lemas "Somente o bebê recém-nascido é sem mácula" — se há máculas nos adultos, estas não foram postas neles pela natureza. Joseph Stálin, cuja política de repressão e matança rivalizava em brutalidade com a de Mao, não disse nada tão explícito a favor da teoria da tábula rasa, mas patrocinou o agrônomo lamarckista Trofim Lysenko, que rejeitava a genética e comprometeu o desenvolvimento da agricultura soviética. Na segunda metade do século XX, uma das principais resistências no campo da genética contra a ideia de que a mente humana possui propensões e estruturas inatas veio do geneticista Richard Lewontin, um marxista convicto.[7]

Alguns opositores dos marxistas buscaram restaurar o orgulho por meio da recriação do homem — o orgulho racial e nativista, de "terra e sangue", como interessava aos nazistas e Adolf Hitler. Eles buscavam reinterpretar a ciência para sustentar a noção fundamentalmente moralista — e, portanto, alheia à ciência

— de raças superiores e inferiores, apropriando-se de um emaranhado confuso de misticismo e de interpretações distorcidas da teoria de Darwin cujo autor mais legítimo é Herbert Spencer. Além disso, havia um interesse em promover o melhoramento genético do próprio povo, envolvendo até cientistas eminentes como Ronald Fisher, pioneiro da genética e da estatística — foi o movimento da eugenia, que resultou na cruel castração de supostos deficientes mentais nos Estados Unidos e na Escandinávia, além de promover o uso abusivo do teste de quociente de inteligência (QI), práticas que macularam a área da psicometria até hoje. Felizmente, tais movimentos foram em grande parte derrotados.

Mais frutífera no longo prazo foi a estirpe intelectual do marxismo que, ao sofrer mutações e ramificações, originou duas correntes, das mais audaciosas escolas acadêmicas de todos os tempos: a "teoria" "crítica" da Escola de Frankfurt e o pós-modernismo. Juntas, são pais, mães, ou entidades parentais de gênero neutro do identitarismo, embora o papel do pós-modernismo seja mais ambíguo, dada a corrosão provocada por seu ceticismo e a postura crítica ao identitarismo de alguns de seus proponentes (abordo o tema no capítulo 2).

Enfim, chegamos ao tema central deste livro: **a insistente e onipresente obsessão contemporânea com marcas de identidade que promete um mundo mais justo no horizonte, enquanto causa injustiças no presente.** Essa obsessão, embora secular e, por vezes, irreligiosa, parece replicar o mantra bíblico de que os humilhados serão exaltados, e opera pela húbris e arrogância sob o pretexto de criar um novo homem — ou melhor, uma *nova pessoa* mais humilde, que "checa seus privilégios".

Essa obsessão é tão dinâmica que até a expressão "orgulho gay" — originalmente utilizada para superar a humilhação do passado, inclusive a classificação científica, que caracterizava ser gay como doença, além do preconceito e estigma social — passou a ser vista como algo datado e ultrapassado, já que gays podem ser opressores devido ao "privilégio masculino", "privilégio cis" e até ao "padrão de beleza".

"Penso, logo sou", disse Descartes? Os identitários inverteram para "sou, logo penso". É comum que utilizem uma "carteirada" de identidade ao discursar publicamente, começando com declarações do tipo "como mulher/gay/trans/negro, digo que". Racionalizam essa postura em *best-sellers* com títulos como *Lugar de Fala*,[8] concedendo a si próprios a legitimidade para falar, enquanto a negam implicitamente aos demais.

Compreender quais escolas de pensamento influenciaram o identitarismo não é suficiente para compreendê-lo em sua totalidade, como veremos, mas constitui um passo importante. Portanto, vamos explorar quais ingredientes intelectuais compõem o rótulo dessa ideologia.

2. IDENTITARISMO: FONTES INTELECTUAIS

O QUE É O IDENTITARISMO?

O identitarismo é uma federação progressista de movimentos culturais e políticos dedicados a abordar problemas, sejam reais ou *percebidos* de grupos *seletos*, delimitados por marcas de identidade. Os movimentos identitários buscam de uma maneira mais ou menos explícita um tratamento especial e diferenciado para grupos como mulheres, minorias sexuais (LGBT) e raciais, sob a motivação alegada de promovê-los à igualdade. Os identitários demonstram uma preferência estética por padrões contraestereotípicos, denominados por eles como "justiça social". Este é um sinal de oicofobia,[1] uma aversão pelo próprio lar cultural.

Se for verdade que um grupo é de fato oprimido, há a possibilidade de que a abordagem identitária produza algum grau de justiça, similar ao trabalho de um advogado que defende os interesses de seu cliente. No entanto, isso dependerá de o cliente estar realmente do lado correto na situação. Provavelmente, haverá concordância com os identitários quanto às críticas feitas à opressão das mulheres em contextos culturais misóginos. **Entretanto, o identitarismo carrega em si a semente das injustiças que causa, devido à sua visão maniqueísta do mundo e à perseguição de interesses sem grande consideração pela complexidade dos problemas.** Basta que a realidade se afaste minimamente da imagem conspiratória construída pelo identitarismo para que sua atuação resulte em injustiça. E a realidade faz isso quase sempre.

Os grupos são necessariamente *seletos*, pois as marcas de identidade são numerosas, mas somente algumas foram selecionadas ou surgiram espontaneamente nessa federação de movimentos. As ferramentas utilizadas pelo identitarismo poderiam ser aplicadas a outras marcas de identidade, como a feiura e a baixa estatura, cuja relevância é constantemente demonstrada por economistas; no entanto, isso ainda não ocorreu.

Existe uma controvérsia constante em relação ao significado atribuído ao termo "igualdade". Os identitários enfrentam um dilema semelhante ao dos soviéticos, que foi brilhantemente retratado na fábula de George Orwell, *A Revolução dos Bichos*:

> Todos os animais são iguais
> Mas alguns animais são mais iguais que os outros[2]

Embora as ferramentas desenvolvidas por esses movimentos não tenham se consolidado para os feios e baixinhos, elas foram amplamente aplicadas para abordar deficientes e obesos. Entre essas ferramentas destaca-se a alegação de que a sociedade foi estruturada com base em padrões abstratos destinados a oprimi-los e que só o tratamento diferenciado, favorável a esses grupos — denominado "equidade", "diversidade" e "inclusão" —, poderia corrigir as injustiças atribuídas a essas supostas estruturas. Equidade, dependendo da fonte, às vezes é frequentemente definida como *igualdade material de resultados*, o que reforça o parentesco intelectual entre comunistas e identitários. Causas que os identitários chamam de feminismo e antirracismo podem ser interpretadas como variantes de comunismo de gênero e comunismo racial, respectivamente.

A definição apresentada evidencia que o identitarismo é antiliberal, uma vez que o liberalismo defende o tratamento igualitário dos indivíduos perante leis e normas, priorizando o indivíduo em detrimento dos grupos de identidade; e também anticonservador, pois desqualifica a sociedade como um todo alegando que ela foi organizada de maneira intencionalmente malévola ou inconscientemente egoísta para promover a opressão, a postura diametralmente oposta a buscar valor nas tradições.

FILHO FEIO TEM PAI? QUAL IDEOLOGIA POLÍTICA PARIU O IDENTITARISMO?

Alguns marxistas se posicionam como críticos do identitarismo, como a cúpula do Partido da Causa Operária (PCO), no Brasil, e o escritor e educador americano Freddie deBoer. Segundo esses críticos, os identitários construíram sua doutrina pela obsessão do indivíduo com sua própria natureza, negligenciando sua conexão com o coletivo. Conforme expressado por Freddie deBoer, o identitarismo "centraliza 'o pessoal é político' no coração de toda a política e trata a ação política como uma questão inerente de higiene moral pessoal".[3]

Esses críticos também destacam o quanto grandes agentes do "capitalismo" aderiram ao identitarismo via iniciativas como ESG (sigla para "governança ambiental e social"), que representa uma tendência a deslocar o foco no lucro das empresas em benefício dos acionistas para o foco nas partes afetadas ou interessadas nas atividades empresariais. Essa abordagem sugere um desvio de finalidade, uma vez que a imagem e a excelente comunicação da empresa passam a ter mais importância que o próprio produto. A própria falta de ênfase no lucro dos acionistas evidencia que há algo fora do comum no funcionamento da liberdade econômica. Essa anomalia é impulsionada principalmente pela pressão de entidades influentes como o Fórum Econômico Mundial e, nos Estados Unidos, por ONGs poderosas como a *Human Rights Campaign*.

Além disso, as empresas que "abraçaram a lacração" são em grande parte grandes corporações que participam do jogo do "capitalismo de compadrio", um sistema caracterizado por uma relação promíscua de influência mútua entre grandes empresários e o Estado, que conta com um consenso de desaprovação entre liberais e marxistas. Não é difícil perceber que muitas companhias mantêm departamentos de comunicação e marketing robustos, capazes de evitar que qualquer notícia verdadeira, mas desfavorável, seja divulgada a seu respeito.

A influência marxista no identitarismo é perceptível não apenas por seu foco na igualdade de resultados: basta aplicar a retórica marxista de defesa dos "proletários" contra os "burgueses" e substituir pela dicotomia relevante para cada seção identitária: "negros" *vs.* "brancos", mulheres *vs.* homens, "LGBTQIA+" *vs.* "heteronormativos", *plus size vs.* magros, deficientes/neuroatípicos *vs.* "normais"/neurotípicos, colonizados *vs.* colonizadores. O vocabulário utilizado frequentemente permanece idêntico: um identitário falará em opressor *versus* oprimido da mesma forma que fez o pedagogo marxista Paulo Freire.

A similaridade não se restringe às dicotomias. Elas, de fato, também podem ser observadas no liberalismo, em autoritários *vs.* coagidos, Estado *vs.* indivíduo. O ponto importante, que evidencia o parentesco intelectual entre marxistas e identitários, está em como a interação entre um polo e outro de cada dicotomia é interpretada.

Essa interpretação sustenta que a principal ou única interação entre os dois lados é o jogo de soma-zero, ou seja, um jogo em que o ganho de um corresponde exatamente à perda de outro. O principal argumento do marxismo é que, se o "burguês" está rico, é porque se apropriou do valor excedente gerado pelo trabalho do "proletário", descontando apenas o salário. O principal argumento do identitário é que, se há menos negros que brancos numa empresa do que há na sociedade em geral, por exemplo, só pode ser por racismo e para o benefício dos brancos da empresa — evidências não são necessárias.

Todavia, essa preocupação com disparidade estatística é meramente performática: se, por exemplo, as políticas dos identitários resultarem em uma maioria desproporcional de mulheres em uma orquestra, isso é considerado apenas justo e reparação de injustiças históricas. Nesse contexto, alguns grupos são considerados "mais iguais" que os outros. Portanto, a análise de "representatividade" (como eles chamam essa pseudoestatística) subordina-se à predefinição ideológica de quem é oprimido e quem é opressor.

Nenhuma das duas ideologias considera que as duas partes envolvidas (ainda que possivelmente não sejam apenas duas) podem estar comprometidas com ganhos mútuos, o que explicaria, preliminarmente, por que estão ali, interagindo e convivendo, em vez de em outra situação. Analisar os ganhos mútuos implicaria, por exemplo, propor que o patrão possui mais dinheiro que o empregado em virtude dos riscos assumidos, ou que é uma tolice achar que o valor econômico é determinado pela quantidade de trabalho: tal lógica recompensaria o carpinteiro incompetente que levasse dois anos para construir uma cadeira. Essas explicações são papo de liberal; ou então propor que o "branco" e o "negro" não consideram a sua cor relevante por estarem voluntariamente reunidos em uma mesma igreja ou comunidade, onde partilham laços que conectam "os mortos, os vivos e os ainda não nascidos", o que seria caracterizado como um discurso conservador.[4]

Outro aspecto que evidencia o caráter antiliberal do identitarismo é observado nas novas estratégias voltadas a promover a censura. Os identitários redefinem meras palavras em "violência", para amplificar o dano atribuído pela ofensa subjetiva e demandar que as autoridades silenciem mais pessoas. Seu jargão nessa área, como "discurso de ódio", é repetido por ministros do Supremo Tribunal Federal, que estão, neste momento, recorrendo à censura, com o pretexto de garantir segurança.[5]

Mesmo comentários aparentemente inofensivos contra os grupos selecionados, com potencial subjetivo e acidental de serem mal interpretados (como, por exemplo, perguntar "de onde você é?"), são passíveis de sanção, classificados como "microagressão". Curiosamente, entretanto, não se propõe, em resposta, uma "micropunição".

Poucas ideias ofendem mais os clássicos dos liberais que a defesa da censura. Em *Areopagítica* (1644), John Milton compara a supressão de livros a um ato de assassinato em que se mata "uma imortalidade, em vez de uma vida", e explica que na Grécia Antiga a censura era aplicada apenas ao ateísmo e à difamação, enquanto opiniões controversas, como a de Epicuro, que sustentava que os deuses não interferiam na vida humana, circulavam livremente.[6] John Stuart Mill, em sua renomada obra *Sobre a Liberdade* (1859), defende que "deve existir a liberdade mais plena de professar e discutir, como matéria de convicção ética, qualquer doutrina, não importa o quão imoral ela seja considerada".[7]

O novo ânimo censor, na falta de lastro intelectual entre os grandes filósofos liberais, precisou, através de uma tirinha com grande repercussão,[8] deturpar o assim chamado "paradoxo da tolerância" de Karl Popper, no livro *A Sociedade Aberta e Seus Inimigos* (1945). A insinuação é que Popper teria endossado inovações moralistas como a censura contra o "discurso de ódio", "fake news" ou "desinformação" — termos que incluem em sua ambiguidade os limites clássicos à expressão, mas o interesse principal está em expandi-los. O verdadeiro autor da ideia da tirinha, como veremos adiante, é Marcuse, e seu nome não é "paradoxo da tolerância", mas "tolerância libertadora".

No original, Popper colocou o paradoxo em uma nota de fim de capítulo (logo, algo periférico ao texto central) que trata do princípio da liderança. Nesse contexto, complementava uma crítica à ideia de filósofo-rei de Platão. No corpo do texto, Popper introduz o conceito "Paradoxo da Liberdade" — a ideia de que pessoas livres podem escolher ser governadas por um tirano, usada por Platão na defesa do autoritarismo. Na nota, Popper deixa claro o que ele quer dizer com "intolerante": "Nessa formulação, não sugiro, por exemplo, que seja necessário suprimir a expressão de filosofias intolerantes; enquanto pudermos responder a elas pelo argumento racional e mantê-las sob controle pela opinião pública, a supressão certamente seria muito insensata". Quando essas filosofias extrapolam os limites? Quando ensinam seus seguidores a responderem a argumentos "pelo uso de seus punhos ou pistolas". Assim, o limite proposto por Popper não apresenta nada de novo: é o limite clássico de restringir expressões que levem diretamente à violência, mas não restringir opiniões preconceituosas.

Embora alguns liberais autointitulados, frequentemente influenciados pelo ambiente político das universidades e pela hegemonia cultural do progressismo, tenham passado a aceitar os limites identitários recentemente impostos à liberdade de expressão, poucos temas são tão consensuais entre liberais, sejam eles clássicos ou contemporâneos, quanto a firme oposição à censura.

Enquanto isso, os identitários procuram censurar obras como o livro da jornalista Abigail Shrier que argumenta sobre a ocorrência de um contágio social de disforia de gênero entre meninas (ver capítulo 5). O caso ganhou força censora quando uma professora do Departamento de Letras da Universidade de Berkeley incitou seus mais de 30 mil seguidores nas redes sociais a roubarem exemplares das livrarias e queimarem o livro.[9] Se o identitarismo é, de fato, filho do liberalismo, ele não tem a cara do pai e demonstra um caráter parricida.

Assim, no que diz respeito às semelhanças de ideias, vocabulário e ação política, é o marxismo — e não o liberalismo — que mantém ligações quase que diretas com o identitarismo.

POR QUE "IDENTITARISMO" E NÃO OUTRO NOME?

A denominação que atribuímos às coisas influencia a maneira como as concebemos. A escolha do termo "identitarismo" para caracterizar esse fenômeno cultural já carrega alguns pressupostos: indica que o termo é mais preciso que outros já oferecidos, como "Justiça Social Crítica" e "pós-modernismo aplicado" de Helen Pluckrose e James Lindsay,[10] que enfatizam a trajetória histórica das ideias, e a expressão popular *"woke/wokeness"* no inglês americano, que apresenta um interessante paralelismo histórico com o termo "lacrar/lacração" no português brasileiro. Ambos os termos, *"woke"* e "lacrar", eram inicialmente honoríficos entre os próprios adeptos da ideologia, até se tornarem pejorativos e serem rejeitados por eles. Essa mudança de conotação de positiva para negativa ocorreu em ambos os países na década de 2010, período em que o identitarismo mais ganhou força e se consolidou.

Em 2023, no mundo anglófono, grupos identitários chegaram a alegar que *"wokeness"* não existia, porque os seus críticos não a definem adequadamente e buscam uma desculpa para serem preconceituosos e intolerantes contra grupos historicamente marginalizados. Como é comum nesse tipo de assunto, que envolve grupos políticos — raramente isentos de extremismos —, há um grau de legitimidade nessa queixa. Entretanto, a alegação também se mostra desonesta, um exemplo do que se denomina "nut picking" — a seleção dos piores comportamentos do grupo adversário para que o próprio grupo pareça superior em comparação.

O termo *identitarianism* não obteve ampla aceitação nos países de língua inglesa — enquanto nós, lusófonos, possuímos uma vantagem, pois seu cognato é mais preciso e útil, e convida a uma análise calma, em contraste com as provocações políticas, como as expressões populares que Fulano e Cicrano *lacraram*.

Negar que *"wokeness"* é um termo claramente definido constitui, também, uma estratégia que expõe mais sobre qual tribo política abraçou o identitarismo. Trata-se de um grupo político que privilegia a inteligência verbal em detrimento da inteligência matemática. Detém hegemonia cultural no Ocidente e exerce influência significativa sobre a construção do léxico político. Evitar que um rótulo apropriado seja associado ao próprio grupo constitui uma estratégia eficaz. Como observou um crítico:[11] são como as zebras, cuja camuflagem não é para desaparecer no ambiente, mas para confundir o predador, que não consegue distinguir onde uma começa e outra termina. Negar que os próprios defeitos possam ser descritos adequadamente com um rótulo apropriado, ainda que pejorativo, assemelha-se ao jato de tinta do polvo, utilizado como estratégia de fuga.

Quaisquer que sejam os rótulos que definem uma postura ou uma atitude com ideias claramente delimitadas, é evidente que também rejeitarão "identitarismo" e "identitário". Silvio Almeida, então ministro dos Direitos Humanos durante o terceiro governo Lula e um notório identitário, ao ponto de ter publicado um manual que descreve a cultura brasileira como estruturalmente racista,[12] declarou em entrevista que não é um identitário. (Posteriormente, foi demitido, acusado de assédio sexual em série.)

IGNORANDO A "LEI DE GODWIN"

Minha escolha de termo, posteriormente, indica que considero mais relevante a questão de marcadores de identidade nesse fenômeno do que outras influências, como a influência intelectual de segunda mão do pós-modernismo ou a chamada "teoria" "crítica" da escola de Frankfurt (que não é uma teoria, tampouco crítica no sentido de rejeitar a credulidade, justificando o uso das aspas). Fui um dos 19 autores da coletânea *A Crise da Política Identitária*, que contou com coautoria e curadoria de Antonio Risério.[13] Discordo de alguns colegas que na obra estendem o conceito de identitarismo ao nativismo nacionalista, incluindo o nazismo. Em minha análise, tratam-se de fenômenos distintos. O identitarismo constitui uma ramificação de um grupo político específico, que não se confunde com o tradicionalismo, o nativismo ou o nazismo.

Embora existam semelhanças evidentes, contudo. A inveja e o ressentimento dos nazistas em relação a uma minoria bem-sucedida, os judeus, é comparável à inveja e ao ressentimento manifestado por identitários contra homens brancos "cis" (não trans) heterossexuais. Ao menos, a humilhação imposta à Alemanha com o Tratado de Versalhes, após a Primeira Guerra Mundial, que estimulou o anseio de restauração do orgulho nacional explorado por Adolf Hitler, guarda semelhança inegável com as atuais demandas de reparação histórica coletiva por opressões passadas, mesmo quando não há mais sobreviventes que tenham sido agentes ou vítimas dessas ações. "Os humilhados serão exaltados", como afirma o conhecido mantra bíblico, que remete a uma profunda necessidade humana. A internet proibiu comparações de qualquer coisa ao nazismo, mas, se evitarmos tais comparações de forma sistemática, não poderemos extrair nenhum aprendizado dos eventos históricos a elas relacionados. Embora haja exagero em muitas comparações, isso não invalida o aprendizado que se pode extrair delas.

É evidente que ainda há muito a ser aprendido. Os identitários, ao tentarem ressignificar unilateralmente o termo "racismo" e alegar que é um vício impossível de ser praticado por pessoas historicamente discriminadas como os "negros", e que não pode ter como alvo indivíduos "brancos", não têm resposta quando se aponta que judeus e ciganos, vítimas do Holocausto, são considerados "brancos" na maior parte do mundo. Para sustentar sua tese, os identitários teriam que inocentar os nazistas da acusação de racismo nesse caso, o que obviamente seria paradoxal.

Com a disseminação do identitarismo nos *campi*, um estudo descobriu que aproximadamente 60% dos estudantes universitários de graduação americanos e cerca de 40% dos pós-graduandos concordaram com frases de Hitler quando a palavra "judeu" era substituída por "branco".[14] Esse sinal alarmante não se restringe aos estudantes, como demonstraram o filósofo Peter Boghossian, o matemático James Lindsay e a historiadora Helen Pluckrose. Reproduzindo a iniciativa do físico Alan Sokal na década de 1990, que realizou uma sátira acadêmica contra a falta de rigor dos pós-modernos,[15] os três submeteram uma série de artigos fraudulentos, elaborados com retórica identitária, a revistas acadêmicas. Caso a empreitada não tivesse sido interrompida por um jornalista abelhudo, a revista feminista *Affilia* teria publicado o artigo intitulado "Nossa luta é minha luta: feminismo da solidariedade como uma resposta interseccional ao feminismo neoliberal e de escolha" — que continha trechos do capítulo 12 de *Mein Kampf*, reescritos para retratar as mulheres como a "raça ariana" e os homens como os judeus.[16] Dos 20 artigos elaborados, sete foram aceitos para publicação, 80% passaram pela revisão por pares.

Não se afirma aqui, de modo algum, que os identitários *sejam* nazistas. Entretanto, a razão exige que esses fatos nos conduzam, no mínimo, a questionar a integridade moral de sua retórica bem como sua constante tendência de acusar seus críticos de nazifascismo.

Caso os identitários admitam que as categorias raciais envolvidas no Holocausto foram distintas, isso abrirá a possibilidade de questionar se a experiência racial americana se aplica ao contexto brasileiro ou africano. O que eles mais evitariam admitir é que a miscigenação no Brasil tende a atenuar o problema, em vez de agravá-lo — já se viu identitário no Brasil manifestando-se publicamente alegando que "miscigenação é genocídio", pautado por identitários diplomados que alegam sem evidências, com base em interpretação *criativa* de novos dados sobre o genoma mitocondrial e do cromossomo Y, que a miscigenação brasileira resultou na maior parte do estupro.[17]

Na cidade de Lagos, na Nigéria, há uma praça e uma estátua em homenagem à Madame Tinubu, uma mercadora de escravos do século XIX. O próprio Antonio Risério publicou um livro que documenta a existência de ricas senhoras negras proprietárias de escravos na Bahia.[18] Esses exemplos ilustram que a história, a verdadeira — e não aquela utilizada como arma contra conservadores e liberais —, revela com clareza que a realidade é mais complexa do que a dicotomia simplista entre opressores de uma cor e oprimidos de outra.

"TEORIA" "CRÍTICA", A MÃE DO IDENTITARISMO

Se o marxismo pode ser considerado o avô intelectual do identitarismo, a "teoria" "crítica" é a mãe. Essa corrente teórica é fruto do trabalho da Escola de Frankfurt, fundada na Alemanha, cujos principais expoentes fugiram da ascensão de Hitler e se estabeleceram nos Estados Unidos, especialmente na Universidade Columbia, na década de 1930.

Seguindo e reverberando as ideias de Marx, assim como as de suas fontes, em especial Hegel, esses teóricos autodenominados "críticos" acreditam possuir instrumentos intelectuais para analisar a sociedade e desvendar estruturas ocultas de opressão que passam despercebidas de outras pessoas que, por exemplo, tratam de problemas sociais sob o ponto de vista liberal. Esses teóricos problematizam aspectos aparentemente inofensivos e revelam que pressupostos sustentadores do poder estão operando nessas situações. Essa empreitada se fez necessária porque, ao contrário das previsões de Marx, a classe proletária não empobreceu sob o capitalismo. Somente por meio da análise "crítica" da cultura e das diversas facetas da sociedade seria possível demonstrar que a prosperidade advinda da liberdade econômica representava, "na verdade", uma forma de opressão.

Além do poder perscrutador de leis ocultas advindo de Marx, os teóricos autodenominados "críticos" incorporaram à sua abordagem novos elementos, como a psicanálise de Sigmund Freud. Freud e Marx compartilharam a mesma deficiência: a escassez de uma base empírica sólida que fundamentasse suas elaborações teóricas.[19] Tratava-se de um excesso de teoria para uma escassez de dados, um caminho intelectual arriscado que os contemporâneos de Lamarck, na França, classificavam pejorativamente (contra ele inclusive) de "construir sistemas". Críticas a Freud, devido à falta de evidências que sustentassem seu sistema, são amplamente difundidas na psicologia.

É relevante analisar a influência de dois desses teóricos, Marx e Freud, sobre os identitários contemporâneos. Herbert Marcuse (1898-1979) dedicou sua primeira grande obra, *Eros e Civilização* (1955), a uma crítica ao capitalismo, semelhante à de Marx. Surpreendentemente, Marcuse não menciona Marx em nenhuma passagem da obra; sua crítica fundamenta-se nas pulsões psicológicas postuladas por Freud, as quais, segundo Marcuse, geram desejos que não podem ser plenamente satisfeitos devido a restrições psicológicas impostas pelas formas capitalistas de organização social.

Daí para a interpretação identitária dos problemas dos gays, por exemplo, é um curto passo: um liberal diria que gays são indivíduos cujos gostos entre quatro paredes com outros adultos que consentem devem ser tolerados em nome da liberdade,[20] já um militante influenciado por Marcuse argumentaria que é o capitalismo que reprime os desejos dos gays, inserindo-os em uma estrutura social malévola que envenena as relações sociais.

Uma das propostas mais infames de Marcuse foi de afirmar que "A tolerância libertadora, então, significaria a intolerância contra movimentos de direita, e tolerância aos movimentos de esquerda".[21] Essa afirmação encontra paralelo nos sofismas de Paulo Freire, que chama de "educação libertadora" o seu modelo pedagógico marxista.[22] E é esta a real ideia que está em uma tirinha popular na internet sobre o "paradoxo da tolerância" creditado a Popper. Com orientações como essas, Marcuse consolidou-se como um dos patronos da Nova Esquerda, que floresceu especialmente a partir de 1968. A contribuição do filósofo para o surgimento do identitarismo foi direta: ele orientou a tese de doutorado de Angela Davis, líder do identitarismo de raça ainda em atividade, frequentemente exaltada como uma heroína intelectual por identitários brasileiros. Recentemente, foi revelado em vídeo que seus antepassados chegaram aos Estados Unidos no navio Mayflower e eram proprietários de escravos.[23] Esse fato a deixou atordoada, mas é uma ocorrência que se repete continuamente na história.

Um dos principais expoentes da Escola de Frankfurt foi Theodor Adorno (1903-1969). Adorno, também embasado em pressupostos psicanalíticos, publicou, juntamente com dois coautores, o livro *A Personalidade Autoritária* em 1950, enquanto atuava na Universidade da Califórnia, em Berkeley. Com pretensões mais científicas e quantitativas, a obra introduziu um teste de autoritarismo, a escala F, de fascismo.

A sociedade americana era protofascista, concluiu o filósofo, porque enfatiza muito as famílias tradicionais e seus patriarcas. A influência dessa obra foi tamanha na psicologia social que a área passou 70 anos alegando, com a parcialidade digna de um Marcuse, que só existe autoritarismo na "direita", não na "esquerda". Isso só começou a mudar agora, na década atual, com novas escalas de autoritarismo que reconhecem que a tribo política obcecada com igualdade pode ser autoritária e violenta, por exemplo, quando vai longe demais em sua oposição a hierarquias e preconceito contra convenções sociais.[24] Isso significa que, nos anos 2010, se um psicólogo social soasse o alarme contra o autoritarismo de identitários fazendo "cancelamentos" e censura de palestrantes convidados em universidades, boa parte dos seus colegas negaria, com "base científica", que aquilo era de fato autoritarismo.

Uma evidência da influência da chamada "teoria crítica" sobre os identitários é o fato de que, ainda hoje, uma das manifestações mais evidentes de identitarismo racial nas universidades é a denominada "teoria crítica da raça", tema que será abordado com mais profundidade no capítulo 6.

PÓS-MODERNISMO, O PAI DO IDENTITARISMO

Os adeptos do pós-modernismo resistem a uma caracterização precisa de suas ideias e princípios, mas essa caracterização é viável, apesar de sua resistência. Defendem um ceticismo direcionado às fundações estéticas, éticas e epistemológicas, pois consideram nossos padrões de conduta em cada um desses domínios como meros reflexos de adesão a hierarquias profundamente injustas ou a formas excessivamente rígidas de pensamento.

Não por coincidência, a concepção de que os padronizadores, ao criarem padrões, estão agindo apenas em benefício de interesses próprios remete, inevitavelmente, à alegação marxista de que os valores liberais representam meramente interesses burgueses. Dessa forma, enquanto um ativista "moderno" identificaria as injustiças contra minorias, ou a falta de conhecimento a respeito delas, como um problema de aplicação mais rigorosa dos padrões estabelecidos, um "pós-moderno" alegaria que os próprios padrões foram concebidos para privilegiar os vieses de quem os instituiu.

O ceticismo extremo, adotado por esses novos cínicos, manifesta-se de diferentes formas. Na arte, isso se manifesta pela exaltação da feiura ou da banalidade, exemplificada pela obra de Marcel Duchamp, um mictório exposto em 1917. A exaltação do feio difere de retratar artisticamente pessoas feias e horrores, como fazia Francisco Goya. No entanto, o aspecto que mais nos interessa é o absurdo que passou a ser aceito a partir da década de 1960, quando o novo cinismo foi adotado especialmente por uma "esquerda" desiludida com o fracasso prático do marxismo e os resultados alarmantes da ciência da bomba nuclear.

No campo ético, os pós-modernos defendem o relativismo moral ou, de modo semelhante ao adotado pelos "pós-coloniais", restringem a capacidade de cometer o mal apenas aos poderosos, atribuindo ao Ocidente a responsabilidade por todas as mazelas globais, como a homofobia presente em alguns países africanos, ironicamente infantilizando os próprios agentes locais responsáveis por promover discriminações injustas.

No campo do conhecimento, os pós-modernos, ou novos cínicos, também promovem o relativismo, sustentando que as crenças religiosas de povos oprimidos possuem o mesmo valor epistemológico que teorias científicas, exaltando a subjetividade como uma fonte de conhecimento equivalente, ou até superior, às teorias científicas, ou, mais comumente, afirmando que a ciência (ou outras formas de produção de conhecimento objetivo) carrega "pecados originais" de opressão. Um dos novos cínicos nesta área exaltado nas universidades é o filósofo francês Bruno Latour, que atuou como etnógrafo de um laboratório de neuroendocrinologia e concluiu que todo o campo é uma "mitologia" e que todo fato científico é apenas uma "construção social".

O termo "construção social" disseminou-se amplamente nas culturas ocidentais nas últimas décadas. Abordei esse tema com mais profundidade em outra ocasião.[25] Em resumo, o uso original desse termo revela uma intenção de afirmar um *determinismo cultural* para certos fenômenos no discurso entre pares e, simultaneamente, defender-se dos críticos com a justificativa mais branda de que o termo se refere apenas à *participação* da cultura em determinado fenômeno. Essa ambiguidade estratégica visa afastar a ciência e a objetividade do debate, caracterizando, quando utilizada de maneira consciente, uma forma de desonestidade intelectual.

Como mencionado anteriormente, o padrão característico do pós-modernismo é um ceticismo, que levanta suspeitas sobre a maneira pela qual criamos o que é belo, ético e verdadeiro, questionando tanto as conclusões quanto os métodos utilizados, pois existe a suspeita de que ambos servem para validar hierarquias injustas e perpetuar desigualdades inaceitáveis. A própria atividade de categorizar é percebida como um ato opressivo, pois é interpretada como uma tentativa de "fechar" as categorias em "essências" totalizantes.

Ao ingressar em um curso de humanidades em uma universidade brasileira atualmente, é provável que um aluno ouça seus professores falando em "essencialismo" como algo abominável. Outros xingamentos acadêmicos associados são "determinismo", "positivismo" e "biologicismo". Aqueles que recorrem a esses termos de forma pejorativa frequentemente demonstram um entendimento superficial dos problemas filosóficos subjacentes e os utilizam como um escudo para proteger de escrutínio dogmas como a tábula rasa, o bom selvagem e o fantasma na máquina, alegando que tudo o que é humano é construído pela sociedade e pela cultura. Se houver genes que influenciam fenômenos como a atração sexual espontânea, os cientistas que os estudam e investigam essas questões não estão preocupados com "essências platônicas". Por fim, a crítica torna-se um espantalho utilizado por aqueles que, influenciados por intelectuais pós-modernos e cínicos, rejeitam qualquer categorização objetiva, exceto, naturalmente, as que são contrabandeadas como premissas em suas "críticas sociais".

Ora, descartar categorias porque exceções problemáticas existem é praticamente o cerne de uma atitude anticientífica: a órbita de Mercúrio causava problemas para a teoria de Newton que apenas foram solucionados por Einstein, mas, antes dessa solução, de nada valeria jogar fora a teoria por causa do problema, seria improdutivo. A abordagem mais construtiva consiste em abordar a exceção com o desenvolvimento de uma nova teoria que dê conta também do que era explicado pela teoria antiga. O desenvolvimento de vacinas para combater um novo patógeno pandêmico depende do uso de categorizações boas o suficiente ("vírus", "bactéria", "imunidade"), de generalizações e simplificações precisas, e de um entendimento aprofundado das exceções por meio das ferramentas de mensuração da dispersão dos dados. Adotar a abordagem pós-moderna e cínica na produção de conhecimentos — rejeitando "essências" e categorias devido à existência de exceções — é uma fórmula segura para o fracasso.

A ciência, por depender de simplificações precisas da realidade, entra em conflito com o pós-modernismo e o novo cinismo, que tendem a complicar em vez de simplificar. A mecânica quântica tornou mais complexo nosso entendimento das partículas, mas apenas o fez por falta de alternativas. Complicar e "problematizar" onde não há necessidade inevitavelmente resulta em apatia.

Os identitários assumem uma postura similar à dos novos cínicos ao fragmentar o conhecimento científico em nome de "saberes" específicos relacionados à cultura, raça, gênero, sexualidade, subjetividade individual, ou quando promovem a ideia de que o conhecimento científico possui uma exclusividade ocidental, o que não corresponde à realidade.

Os principais formuladores do pós-modernismo foram filósofos franceses. O termo "pós-moderno" foi introduzido por Jean-François Lyotard em 1979. Enquanto a modernidade se fundamentou no humanismo renascentista, no iluminismo e no espírito investigativo de senso comum que deu origem à ciência, a pós-modernidade representa um ceticismo generalizado em oposição a todos esses pilares, que Lyotard denominou "metanarrativas". Seu alvo não era só a ciência, mas também a religião e até o marxismo. Em síntese: qualquer sistema que reivindique uma âncora ou fundação objetiva. Enquanto os iluministas mais secularistas disputavam no jogo argumentativo com os religiosos o grau de objetividade e verdade que existia

IDENTITARISMO: FONTES INTELECTUAIS

na religião, os novos cínicos optaram por atirar o tabuleiro para o alto, rejeitar as regras do jogo e ridicularizar os participantes. Tudo o que foi construído deve ser "desconstruído", ainda que de maneira apenas simbólica — aqui se juntou um conceito prévio de Jacques Derrida, a "desconstrução".

A introdução do conceito de "desconstrução" por Jacques Derrida data de 1967, em três de seus textos seminais. Derrida argumentou que, em vez se referirem a um mundo real, as palavras remetem apenas a outras palavras, formando cadeias de "significantes" que permanecem à deriva, sem qualquer ancoragem na realidade. Derrida sintetizou essa concepção com a célebre frase "não há nada fora do texto", ou seja, não existe significado fora do texto. Derrida aborda explicitamente algumas dicotomias presentes no identitarismo. Se não existe um referente real para "mulher", sua definição ocorre apenas em oposição a "homem", que seria pressuposto como superior na própria linguagem.

A influência de Jacques Derrida pode não ser tão evidente entre identitários do mundo anglófono, mas é claramente manifesta entre os identitários do mundo lusófono. Muitos identitários brasileiros, especialmente os recém-convertidos que atuam no meio artístico, utilizam um discurso em tom ascético ao enfatizarem a necessidade de alcançar a desconstrução. Esse fenômeno se manifesta na prática quando, por exemplo, pessoas brancas afirmam ser "racistas em desconstrução" e homens se identificam como "machistas" ou "misóginos em desconstrução". Ser desconstruído tornou-se uma forma de elogio.

Outro filósofo francês associado ao pós-modernismo que merece menção é Michel Foucault, com suas declarações oraculares e ambíguas, como "a verdade não está fora do poder". Ele propôs uma teoria falsa da origem da homossexualidade, como abordarei no capítulo 5.

Nem todas as ideias desenvolvidas por Foucault são compatíveis com o discurso identitário. Foucault realizou advertências explícitas contra a obsessão das pessoas com suas próprias identidades e a conformidade associada a elas, afirmando que isso levaria ao retorno de antigos padrões comportamentais que ele condenava.[26]

Entretanto, o próprio Foucault reconhecia a ambiguidade de seu papel. O filósofo analítico John Searle conta há muitos anos que, certa vez, conversou com Foucault e o francês admitiu que "na França, você precisa ser 10% incompreensível, caso contrário as pessoas não pensarão que você é profundo — não acreditarão que você é um pensador sério".

O linguista Noam Chomsky se opôs à ideia da tábula rasa aplicada à aquisição da linguagem infantil e debateu com Foucault, afirmando que parte do problema reside no fato de que a cultura francesa é altamente insular e influenciada pelos aspectos mais problemáticos da filosofia alemã (incluindo, além de

Hegel e Marx, o nazista jamais arrependido Martin Heidegger, um autor praticamente ininteligível).

Este livro não tem como objetivo realizar uma exegese completa do identitarismo, mas é possível destacar ao menos uma autora que agiu como uma organizadora ecumênica de movimentos voltados para diferentes aspectos da identidade. Kimberlé Crenshaw, acadêmica norte-americana, publicou, em 1991, um extenso artigo no qual apresentou o conceito que denominou de interseccionalidade.[27] A ideia central é que uma mulher negra experimenta tanto racismo quanto sexismo, não apenas de maneira isolada, mas também pela *interseção* entre essas duas identidades e opressões, resultando em uma experiência que é mais intensa do que se presumiria ao analisar cada aspecto separadamente. Se a interseção é de fato tão importante, então o feminismo e o antirracismo não são suficientes, e logo algo novo deve ser estabelecido. Ela argumenta: "Embora as interseções que exploro aqui sejam principalmente de raça e gênero, o conceito pode e deve ser ampliado para incluir questões como classe, orientação sexual, idade e cor". Para todos esses grupos, "a política baseada na identidade tem servido como uma fonte de força, comunidade e desenvolvimento intelectual". Praticamente um verdadeiro manifesto identitário.

O artigo, citado mais de 40 mil vezes — um número invejável para qualquer acadêmico —, pode ser considerado um fóssil vivo e transicional representando a evolução das ideias dos autores mencionados para o identitarismo contemporâneo, anunciando a convergência entre os movimentos identitários e as ideias cozinhadas ao longo de duas décadas anteriores. "Considero a interseccionalidade um conceito provisório que conecta a política contemporânea à teoria pós-moderna", escreveu Crenshaw. Para ela, as identidades em questão são "construções sociais" e são caracterizadas por diferenciais de poder, reiterando o discurso típico dos teóricos "críticos". Não poderia haver prova mais clara de que o identitarismo é descendente direto de marxismo, pós-modernismo e da "teoria" "crítica".

COLOCANDO AS IDEIAS EM PRÁTICA

Em 2022, após um suposto caso de injúria racial, o Conselho Universitário da Universidade Federal de Santa Catarina (UFSC) passou uma resolução — redigida por mais de 30 autores, uma combinação de professores e ativistas — contra o denominado "racismo epistêmico", definido como "a diminuição do valor de produções científicas somente por não estarem de acordo com os cânones ocidentais".[28]

No ano seguinte, o Conselho Nacional de Saúde emitiu uma resolução que estabelece como uma de suas diretrizes "(re)conhecer as manifestações da cultura popular dos povos tradicionais de matriz africana e as Unidades Territoriais Tradicionais de Matriz Africana (terreiros, terreiras, barracões, casas de religião etc.) como dispositivos promotores de saúde e cura complementares do SUS [Sistema Único de Saúde]".[29] Em outras palavras, trata-se da introdução de práticas religiosas, sob justificativa identitária, em um sistema de saúde público regado por impostos e que, teoricamente, deveria ser laico.

O que aconteceu com a laicidade? Um indício está em um voto do ministro Edson Fachin, do Supremo Tribunal Federal, em um julgamento no qual ele integrou parte da maioria que permitiu que o ensino religioso público no Brasil ensinasse aos jovens não (só) a história e sociologia das religiões, mas abordasse também o que os estudantes devem acreditar, o chamado "ensino confessional". No final de seu voto, o ministro cita Jacques Derrida, parafraseando-o ao afirmar que "não há nada efetivamente secular no mundo atual".[30] Se não há nada efetivamente laico, qual seria o propósito de proteger a laicidade?

Esses casos ilustram o que acontece quando as ideias incorporadas ao identitarismo são colocadas em prática, seja em sua forma original ou nas novas aplicações. Ao conquistar adesão entre as esferas superiores de poder, que os identitários alegam ser contaminadas por pecados estruturais e sistêmicos, abre-se mais espaço para que todos sejam coagidos a dançar conforme a sua música desarmônica.

A análise aprofundada da linhagem intelectual do identitarismo é relevante, mas representa, no máximo, apenas uma parte da história. A grande maioria dos identitários não recebeu doutrinação formal em "teoria crítica" e pós-modernismo nas universidades, mas apenas reproduz os jargões associados a essas tradições devido à influência de sua comunidade ideológica. Alguns simpatizantes ou já convertidos sequer são próximos dessa comunidade ou rejeitam explicitamente essas fontes intelectuais, mas equivocadamente enxergam no identitarismo uma via legítima para promover a justiça social.

O restante do identitarismo é explicado por fatores que se relacionam menos com ideias e pensamento explícito e mais com instintos inatos, vieses cognitivos e defeitos de fábrica da mente humana que frequentemente emergem devido ao fato de que a ideologia ataca os princípios liberais e iluministas herdados pela cultura ocidental. Nos aprofundaremos, a seguir, na análise dos aspectos da mente individual e do comportamento coletivo que atraem as pessoas para esses movimentos.

3. IDENTITARISMO: FONTES INSTINTIVAS

O IDENTITARISMO CRESCE NO SOLO FÉRTIL DOS VIESES E DAS LIMITAÇÕES HUMANAS

Há um fundo de verdade na antiga ideia de que, se alguém se concentrar excessivamente nos detalhes de como está conduzindo uma bicicleta, há uma grande chance de perder o equilíbrio. Da mesma forma, quando o identitarismo atribui atenção e prioridade moral a características identitárias muitas vezes acidentais, como raça, sexo e orientação sexual, há um desequilíbrio provocado pela ênfase excessiva em tais características. Esse fenômeno é observado em casos de adoção coletiva de identidades GLBT por jovens que associam problemas característicos da era digital, assim como os desafios típicos do desenvolvimento adolescente, a identidades de gênero e sexuais alternativas (este ponto será aprofundado no capítulo 5 — neste livro, utilizo a sigla "GLBT" para me referir a gays, lésbicas, bissexuais e transexuais, em reconhecimento ao papel pioneiro desempenhado pelo movimento gay e como uma crítica implícita à hierarquização identitária que reposicionou a letra "L" como inicial).

O mesmo acontece com o hábito americano de obsessão com raça, uma abordagem que, até recentemente, era considerada estranha aos brasileiros até a chegada dos identitários desse movimento. Há uma distinção entre pensar no problema de um modo racional, condutivo à terapia, e a *ruminação e o remoer obsessivo*. Em certo sentido o identitarismo é *ruminação da identidade*.

Quando os identitários propõem que a ciência é influenciada por estruturas de poder patriarcais, racistas e heteronormativas, e rejeitam os métodos de análise científica para tratar os problemas rotulados com essas palavras, o resultado é que apenas os vieses e os instintos permanecem como guia para direcionar a ruminação de identidade. O que chamam de "lugar de fala" é mais claramente o viés de autoindulgência, aquela vozinha egoísta que nos diz que se é conosco, é importante. Mulheres *vs.* homens, GLBT *vs.* héteros, negros *vs.* brancos? Essas contraposições são bem explicadas pelo viés de coalizão, que é composto por uma tendenciosidade a favor do próprio grupo e outra contra grupos estranhos.

EXPLORANDO OS *TILTS* DA NOSSA CABEÇA

O interesse pelos vieses cognitivos da mente humana gerou uma série de estudos interessantes e culminou na concessão do Prêmio Nobel para Daniel Kahneman. No entanto, em meados dos anos 2010, surgiu na psicologia a revelação de que muitos dos resultados não eram reproduzidos quando os experimentos eram refeitos. Descobriram cupins nas fundações da casa, e os cupins não estavam só lá, mas no bairro da ciência inteiro, até mesmo na pesquisa do câncer.[1] Esse fenômeno foi chamado de crise da replicação.

Um dos efeitos dessa pesquisa dos vieses foi exagerar a irracionalidade humana. Felizmente, essa perspectiva está sendo revisada e a visão aristotélica do ser humano como um animal racional tem ganhado mais uma chance. Contudo, é inegável que este animal racional é suscetível a cometer *erros sistemáticos* em seu processo de pensamento. Esses erros são conhecidos como vieses cognitivos. Um erro sistemático é caracterizado pela tendência de se desviar consistentemente na mesma direção. Imagine uma régua cujas marcações estão irregularmente espaçadas, fora do padrão estabelecido. A boa notícia é que erros sistemáticos podem ser corrigidos, e, ao nos conscientizarmos de sua existência, é possível adotar estratégias para mitigá-los.

Há registros de centenas de vieses cognitivos catalogados, contudo, o psicólogo Paul Bloom, ciente do problema da crise da replicação, reduziu a lista a apenas cinco, para nossa sorte.[2]

1. Viés de disponibilidade. Esse viés ocorre quando interpretamos a probabilidade de eventos de forma equivocada com base em julgamento imediato. Por exemplo, superestimamos a frequência daqueles eventos que nos evocam emoções fortes, como acidentes de avião e ataques de tubarão. Os movimentos identitários são influenciados por este viés ao superestimar a incidência de estupros, mortes de indivíduos GLBT, discriminação injusta, injúria racial, crimes de ódio.

2. Viés de negligência da taxa base. Suponhamos que estamos no ano 2070 e que Roberta, dirigindo seu carro flutuante pela Fernão Dias, indignada com um condutor que a fechou, diz "neguinho não presta atenção". A proporção de racistas na

população brasileira permaneceu a mesma desde 2018: 1,4%, segundo um estudo que perguntou quem não gostaria de ter uma pessoa de outra raça como vizinho.[3] A ditadura da diversidade deste futuro distópico implantou um "racistômetro" nos carros: toda vez que alguém disser "neguinho", o aparelho escaneia o cérebro de quem disse para detectar sentimento negativo contra pessoas negras. Em 90% do tempo, o racistômetro acerta se a pessoa é racista ou não racista. A leitura do cérebro de Roberta indica racismo. A ditadura identitária distópica teria razão em atirar Roberta na cadeia pelo crime de pensamento hediondo? A resposta é não. Imagine uma amostra de dez mil brasileiros do ano 2070 cujo cérebro foi submetido ao racistômetro — sabemos que 140 deles são racistas. O racistômetro vai corretamente indicar o preconceito em 126 deles (90%). Enquanto isso, 9.860 brasileiros entre esses dez mil não são racistas, mas o racistômetro vai errar em 10% dos casos, acusando falsamente 986 de ter o preconceito. Qual é a real probabilidade de Roberta ser racista? No universo dos 1.112 acusados de racismo pela máquina, a probabilidade de ela ser um dos falsamente acusados é de quase 89%! Portanto, a ditadura identitária tem um grande risco de estar fazendo uma injustiça ao prender Roberta por causa do teste do racistômetro. Quando levamos em conta a taxa base do fenômeno, em vez de apenas a precisão do instrumento, as coisas mudam de figura e o cenário mais plausível se inverte. Tendemos a ignorar a taxa base, e esse é um dos nossos vieses cognitivos mais comuns.

3. **Viés de enquadramento.** Esse viés decorre de como uma informação é apresentada. As estatísticas coletadas pelas ONGs no Brasil de supostas vítimas de intolerância homofóbica é sempre um número que, quando comparado ao número total de homicídios no Brasil, pode parecer insignificante. No entanto, há estratégias para apresentar esses números de maneira mais dramática: "A cada 19 horas um gay, lésbica ou trans é assassinado ou comete suicídio em decorrência de homofobia no Brasil", como mencionado pela jornalista Renata Vasconcellos, no Jornal Nacional, durante uma entrevista com o então candidato à Presidência da República Jair Bolsonaro em 2018. Em virtude desse viés, uma mesma informação pode inspirar desdém ou pânico. Basta mudar a embalagem.

4. **Viés de confirmação.** Esse viés é amplamente conhecido e refere-se à tendência de ignorar exemplos que contradizem uma crença preestabelecida e, ao mesmo tempo, destacar as situações em que a crença é corroborada. Por exemplo, a alegação de uma ampla disparidade salarial entre homens e mulheres para funções equivalentes é frequentemente apresentada em uma sociedade considerada estruturalmente machista, afirmam os defensores das pautas identitárias de gênero, mas

raramente se menciona a diferença salarial a favor de modelos masculinos no setor de moda ou a real incidência de empresas efetivamente punidas por discriminação salarial contra funcionárias. Nesse contexto, defende-se o endurecimento da legislação para combater um problema que, segundo os defensores dessas pautas, é de caráter universal.

5. Viés de coalizão. Tendência a considerar que o próprio grupo é moralmente superior e, consequentemente, correto, enquanto o grupo oposto é moralmente inferior e, portanto, incorreto. Esse é um subtipo do viés de confirmação, mas Paul Bloom o descreve como a "mãe de todos os vieses". Há uma tendência a considerar que, se uma ideia provém de um grupo político adversário, é falsa; enquanto, se a mesma ideia surge dentro do próprio grupo, é verdadeira. Esse viés sistemático ocorre porque tal simplificação é inviável e está relacionada à forma como o ser humano evoluiu em grupos sociais de aproximadamente 150 indivíduos. Esses grupos frequentemente se envolviam em conflitos e disputas territoriais.

Esses vieses não se restringem aos identitários, mas estão também em seus críticos. Não é produtivo criticar os danos causados pelos identitários ao se oporem sistematicamente a tudo que é rotulado como "direita", "liberal" ou "conservador", adotando a mesma postura apenas porque tais ideias estão associadas à "esquerda", ao "progressismo" e às vezes "socialismo". À primeira vista, isso pode parecer apenas uma questão de classificação política, mas, na verdade, frequentemente serve como um disfarce para nossas tendências de coalizão e tribalismo.

Conforme mencionei em minha definição de identitarismo, às vezes defender os interesses de um grupo identitário pode levar à justiça. O problema inerente ao identitarismo é fazer isso de forma dogmática e irracional, elevando determinados grupos a uma posição de moralidade irrepreensível enquanto demoniza outros grupos. Compreender a complexidade do ser humano, e aceitá-lo em sua totalidade, exige a devida diligência de investigar, apurar, descobrir e sopesar as informações, em vez de sermos guiados por instintos e vieses cognitivos e chegar a conclusões precipitadas, presumindo que já possuímos todo o conhecimento relevante.

O ser humano evoluiu no leste da África respondendo não apenas ao calor da savana, à presença dos predadores, mas também ao ambiente social. Hoje, a melhor explicação para as várias formas com que praticamos o autoengano está na evolução.[4] As teorias evolutivas de Darwin prevaleceram sobre as explicações freudianas. O fenômeno do autoengano manifesta-se de diferentes formas. Tendemos a acreditar que somos mais fortes, mais saudáveis e mais atraentes do que realmente somos, pois essa percepção inflada aumenta nossas chances de atrair parceiros sexuais e, consequentemente, de nos reproduzirmos. Engajamo-nos em comportamentos que propagam nossas crenças e participamos de competições de radicalização para demonstrar lealdade aos nossos grupos sociais, o que pode elevar o nosso status. E, de forma quase automática, seguimos esses instintos naturais quando nos convencemos de que pensar racionalmente e evitar escalar conflitos são normas inventadas por um patriarcado supremacista branco heteronormativo psicofóbico para servir a si mesmo.

O autoengano é uma forma de produzir falsidades, mas é diferente da mentira. O mentiroso pratica um duplo engano: ele distorce a verdade e, ao mesmo tempo, simula acreditar em suas próprias palavras. O autoenganado não precisa de fingimento: ele é sincero. No entanto, quando ele afirma, por exemplo, que "todo branco é racista" diante de seus colegas que compartilham a ideologia identitária racial, essa declaração possui pouca ou nenhuma relação com uma análise objetiva das pessoas brancas ou do próprio racismo. Ele faz uma afirmação provocativa porque assumir esses riscos representa uma sinalização de lealdade ao grupo posta em algoritmos inconscientes em seu cérebro. Simultaneamente, o autoenganado evita analisar a questão de maneira aprofundada, renunciando ao uso da razão e tornando-se, assim, vulnerável aos vieses cognitivos inerentes ao funcionamento do cérebro humano.

FUNDAÇÕES MORAIS

A teoria das fundações morais, desenvolvida pelo psicólogo social Jonathan Haidt, fornece uma compreensão mais profunda sobre a natureza do identitarismo.[5] Haidt propõe cinco alicerces "inatos" que explicam o nosso comportamento moral, especialmente em contextos de grupo. Haidt ressalta que esses alicerces não devem ser entendidos como puramente biológicos, de nascença, justificando o uso das aspas em "inatos". Entretanto, já existem estudos que investigam a influência genética nas **cinco fundações morais**.[6] Esses alicerces são rotulados pelo que se quer promover/evitar em cada um:

1. Cuidado/dano. Evoluiu em função de proteger crianças vulneráveis, tornando-nos sensíveis a sinais de sofrimento e carência.

2. Justiça/trapaça. Relaciona-se com a detecção e punição de aproveitadores no contexto da cooperação.

3. Lealdade/traição. Está relacionada à manutenção de coalizões, tornando-nos sensíveis a sinais de pertencimento ou exclusão de indivíduos em nosso grupo.

4. Autoridade/subversão. Refere-se ao nosso senso de pertencer a hierarquias sociais, nas quais status e posições sociais implicam expectativas de comportamentos específicos, como obediência ou liderança.

5. Santidade/degradação. Evoluiu inicialmente para evitar parasitas e doenças infecciosas, explicando por que consideramos algumas coisas puras e outras repugnantes. O sentimento do nojo se manifesta ainda em ambas as situações de encontrar patógenos ou observar imoralidades: é uma evidência das origens.

Segundo a tese de Haidt, a principal diferença entre as posições políticas de "esquerda" e "direita" reside na ênfase atribuída a cada uma das fundações morais. Os indivíduos de orientação política à esquerda tenderiam a dar maior peso à fundação de cuidado/dano em comparação com as demais, enquanto os indivíduos de orientação política à direita tendem a distribuir suas preocupações de maneira mais igualitária (que ironia) entre todas as cinco fundações.

Considerar exceções e ressalvas é essencial para evitar nos apaixonarmos demais por uma ideia cuja base empírica está em desenvolvimento, embora a teoria apresente resultados satisfatórios. Descreve adequadamente marxistas defendendo os proletários contra os burgueses, social-democratas protegendo os pobres da suposta crueldade do livre mercado, progressistas amparando as minorias contra a exclusão imposta pelas tradições e identitários sustentando os oprimidos contra os opressores.

Refletir sobre as grandes questões que polarizam o cenário político entre esquerda e direita é fundamental. Clarence Thomas, juiz conservador da Suprema Corte americana, ao votar com a maioria para revogar as cotas raciais nas universidades dos Estados Unidos em junho de 2023, baseou seu argumento em um princípio dos fundadores do país: a igualdade de tratamento perante a lei. Para Thomas, as cotas raciais violam esse princípio e, portanto, são inaceitáveis. Dependendo do contexto, o princípio de igualdade de tratamento pode assumir uma interpretação anti-hierárquica atraente para grupos de orientação política à esquerda, mas, nesse caso, ele também abrange outras fundações morais, como a identificação e punição de oportunistas que abusam do favorecimento, a lealdade aos princípios dos fundadores do país, a deferência às autoridades e a reverência pela santidade do ideal dos Estados Unidos como uma nação de indivíduos autônomos e livres, que almejam um tratamento equitativo sob a lei.

Uma magistrada mais jovem e de orientação progressista da Suprema Corte, Ketanji Brown Jackson, fundamentou seu voto pró-cotas raciais de modo bem diferente. Comparou a opinião majoritária de seus colegas à famosa, embora equivocada, frase atribuída a Maria Antonieta, que supostamente teria dito "que comam brioches" ao ser informada de que os pobres não tinham pão durante a Revolução Francesa. Em um relato pessoal, Jackson afirmou "Eu não te entendo", ao recordar seus pensamentos sobre Thomas, muito antes de se tornar ministra. "Você soa como os meus pais", completou.

Vale ressaltar que ambos os juízes são negros. A perplexidade expressa por Jackson não é um fenômeno recente. O próprio Jonathan Haidt conduziu uma pesquisa que revelou ser mais fácil para os conservadores compreenderem a perspectiva dos progressistas do que o inverso.[7] Como será explorado no capítulo 4, é possível que a diferença de gênero entre os juízes desempenhe um papel relevante.

O ponto crucial sobre a teoria das fundações morais, por enquanto, não é afirmar que um dos lados está sempre equivocado — pois tal afirmação representaria uma tese radical, e, como ocorre em teses desse tipo, radicalmente implausível. Não acredito que, ao definir posições políticas com base em ideias, seja possível classificá-las apenas em dois grupos, conforme indicado pelo uso dos termos "conservador", "progressista" e "liberal" em vez de somente "direita" e "esquerda". Acredito que liberais possam ser um terceiro grupo conforme propôs Friedrich Hayek[8], e, com menor convicção, que os socialistas representem um quarto.

Em todo caso, o aspecto mais relevante para os objetivos propostos é que o identitarismo representa uma forma de radicalização do progressismo ("esquerda"), e essa radicalização ocorre de maneira previsível, com base na fundação moral predominante que esse lado da política enfatiza. A postura dos progressistas identitários pode ser comparada à de pais que, ao mimar excessivamente seus filhos, reagem de maneira agressiva a quem questionar se esse tratamento é o melhor para a sua educação.

A promoção do cuidado e a evitação de danos se tornam justificativas utilizadas por esses grupos mesmo quando adotam comportamentos agressivos. Essa dinâmica se adequa na percepção esclarecida da empatia como uma emoção que não é só positiva, mas que também pode incitar a violência.[9] Os identitários sacralizaram a empatia com a justificativa de proteção aos vulneráveis.

As fundações morais podem até esclarecer por que, afinal, o comunismo continuou tão popular ao longo do tempo, ao ponto de ainda existirem partidos abertamente comunistas, permanecendo firmes e fortes apesar das dezenas de milhões de vítimas dessa ideologia, enquanto o nazismo virou um hobby de uma irrelevante minoria de fanáticos sem influência no Ocidente. É particularmente difícil, diante dos vieses cognitivos que muitas pessoas apresentam, explicar que a promoção do *cuidado* pode, em certas circunstâncias, resultar em *desastres*. Pode ser tão difícil quanto explicar para alguém que sua amável mãe é má.

A noção de que o identitarismo é uma espécie de patologia de natureza maternal que peca pelo excesso de zelo fica evidente, por exemplo, na deterioração das diretrizes do processo transexualizador para menores, como veremos no capítulo 5.

Não é necessário ser um especialista na ciência do desenvolvimento psicológico infantil para compreender que a promoção do cuidado e a evitação de danos não constituem a abordagem definitiva sobre a forma como as crianças devem ser tratadas. Basta possuir uma observação atenta e criteriosa.

Para aqueles que possuem uma compreensão apurada do comportamento humano, torna-se evidente que não é bom para as crianças que ambos os pais deem um ambiente todo acolchoado, sem riscos, sem joelhos ralados, sem sujeira. Até a marca de sabão Omo sabe que isso é uma besteira, como mostram suas campanhas que incentivam o contato com a sujeira, desenvolvidas após a descoberta de que, por exemplo, a principal causa para o desenvolvimento de alergia a amendoim é justamente a ausência de contato com esse alimento.

O comportamento infantil já é por si só revelador em ilustrar padrões de comportamento observáveis entre os ativistas identitários. O que as crianças menores e fisicamente mais frágeis costumam fazer em situações de briga? Elas não são apenas vítimas da agressão das maiores e mais fortes. Essas crianças também podem aprender rapidamente a utilizar a simulação de vitimização como estratégia contra as mais fortes.

Quem conhece o fenômeno *bullying* já presenciou cenas como esta: o valentão pega o braço de sua vítima, usa para bater nela própria, e pergunta por que ela está se batendo. Observe a semelhança com um episódio recente: a produtora Jada pinkett Smith (esposa do ator Will Smith), em parceria com consultores adeptos do identitarismo, optou deliberadamente por ignorar aspectos históricos e genéticos e representar Cleópatra como negra em uma produção para a Netflix. Em situações como essa, assim como em outras produções cinematográficas, parte do público critica a falta de fidelidade histórica da obra ou a deturpação do cânone adaptado, sendo posteriormente acusados de "racismo" por expressarem tais objeções.

Certamente racistas se sentiram incomodados com a escolha, mas a manobra do identitarismo valentão é bater em todos os críticos como se o racismo fosse a única motivação possível para o incômodo. Em vez de questionar os espectadores inconformados "por que vocês estão batendo em si mesmos?", os militantes identitários na sétima arte perguntam "por que vocês são tão racistas/homofóbicos/misóginos ao questionar as nossas escolhas?". Essas escolhas foram feitas sob medida para provocar não apenas os preconceituosos, mas, junto com eles, todo um grupo numeroso de pessoas que quer fidelidade, qualidade de narrativa, ou bons e velhos hábitos do cinema como a suspensão de descrença.

A criança mais fraca que realiza uma falsa acusação contra a mais forte só consegue ser bem-sucedida em prejudicá-la se a autoridade a quem recorre atribui um peso desproporcional à fundação moral do cuidado e do dano. Da mesma forma, a indústria cinematográfica só se torna suscetível à influência identitária quando reduz personagens como Rambo a meros símbolos de um patriarcado que oprime as mulheres, que, para receber o "cuidado" apropriado, devem ser expostas apenas a personagens femininas fortes, como Rey, da franquia *Star Wars* da Disney, ou a Mulher-Hulk, da série de *streaming*, que por serem retratadas de maneira unidimensional, não enfrentam dificuldades reais e impressionam a todos com habilidades pré-adquiridas. Tudo o que as novas heroínas precisam é acreditar nelas mesmas. E quem não acredita é misógino e deve ser removido do cinema.

IDENTITARISMO COMO ANTITERAPIA

Aqueles que já se submeteram à terapia cognitivo-comportamental (TCC), a modalidade terapêutica com maior embasamento científico atualmente, podem ter recebido orientações como: "Não presuma que você sabe ler mentes". Essas orientações, associadas a técnicas práticas para modificar padrões mentais antigos, têm como objetivo reduzir ou neutralizar o impacto das chamadas *distorções cognitivas*, como descrito na literatura científica[10]. Ao analisar a lista de distorções cognitivas, é surpreendente notar como várias delas são, de fato, comportamentos frequentemente *incentivados* no ativismo identitário.

Além de aconselhar e evitar a presunção de capacidade de ler mentes, esses terapeutas aconselham seus pacientes a combater outras distorções cognitivas como **catastrofização** (insistir que o pior vai acontecer, em vez de colocar em perspectiva os problemas e não tratá-los como hecatombes), **emocionalização** (presumir que sentimentos são fatos e deixar emoções guiarem a interpretação da realidade), **polarização** ("ou é perfeito, ou não vale a pena"), **filtro mental** (algo parecido com viés da confirmação), **adivinhação** (colocar expectativa negativa antes de os fatos ocorrerem), **rotulação** (caracterizar pessoas ou situações rigidamente), **desqualificação do positivo, maximização do negativo, hipergeneralização,** entre outras. Essas distorções formam um guia comportamental para os identitários dentro de determinados círculos progressistas.

Haidt e Greg Lukianoff, pioneiros ao comparar o identitarismo aos efeitos da criação que gera crianças mimadas,[11] e ao observar a deterioração da saúde mental dos jovens, *especialmente entre garotas progressistas*,[12] identificam uma lista mais curta de três características antiterapêuticas que servem como princípios implícitos dessa ideologia:

1. o que não te mata te faz mais fraco;

2. sempre confie nos seus sentimentos; e

3. a vida é uma batalha entre pessoas boas e más.

A terapia cognitivo-comportamental (TCC) nasceu da escola filosófica do estoicismo, com nobres membros como Epicteto e Marco Aurélio. Os estoicos defendem que a razão pode ser utilizada como instrumento para aumentar a resistência ao sofrimento. Por exemplo, a filosofia estoica ensina que não devemos nos deixar abalar por circunstâncias que estão além do nosso controle. Epicteto foi um ex-escravo, defendia a autonomia e a resiliência. "Não é a morte ou a dor que devem ser temidas, mas o medo da dor e da morte", disse ele. "O que um filósofo deve dizer, então, frente a cada uma das dificuldades da vida? 'Foi para isso que eu me preparei, foi para isto que eu pratiquei'." Marco Aurélio, provavelmente o mais sábio imperador da história, cita Epicteto como fonte e inicia suas *Meditações* com um tributo de gratidão a várias pessoas que lhe ensinaram e transmitiram algo com suas virtudes — uma atitude terapêutica aplicada atualmente no tratamento de pacientes deprimidos.

O identitarismo promove a exaltação da fraqueza, que, paradoxalmente, confere status entre seus adeptos. Um dos primeiros exemplos práticos do identitarismo foi observado durante os protestos de 2011 em Wall Street contra a elite financeira: a chamada "lista progressiva". As pessoas consideradas mais oprimidas com base em suas marcas de identidade recebiam prioridade para se manifestar. Assim, uma mulher negra lésbica com deficiência deveria falar antes de uma mulher negra lésbica, que, por sua vez, teria prioridade sobre uma mulher negra, seguida de uma mulher branca e, por fim, de um homem. Essa dinâmica reflete uma aplicação prática do conceito de "interseccionalidade".

Cursos de treinamento em "sensibilidade" fizeram o mesmo. Um dos exemplos mais populares consistia em solicitar que aqueles considerados possuidores de "privilégios" dessem um passo à frente. Os privilégios eram aqueles presumidos no dogma identitário. Essas práticas e conceitos passaram a ser ridicularizados como "olimpíadas da opressão".

Não se pode adotar apenas um tom espirituoso ao tratar desse aspecto antiterapêutico do identitarismo. Conheço casos de suicídio entre jovens profundamente envolvidos nesse ativismo. Conforme mencionado no relatório sobre a verificação das estatísticas de mortes por homofobia, suicídios são fenômenos complexos, sendo difícil, ou até impossível, apontar uma causa única. Entretanto, é possível identificar fatores que não contribuíram positivamente. Um conjunto de crenças políticas que incentiva comportamentos infantilizados, sacralizando um sentimentalismo no qual ouvir palavras ofensivas é tratado como uma catástrofe de proporções estruturais na sociedade, certamente não contribui para um desenvolvimento saudável. Esse tipo de crença não forma jovens resilientes, mas sim adultos emocionalmente disfuncionais.

EXIBICIONISMO MORAL

O termo "sinalização de virtude" é frequentemente empregado para criticar os identitários em particular e os progressistas em geral. O termo foi utilizado, inclusive, pelo presidente do Conselho Federal de Medicina, que se manifestou contra a norma da Agência Nacional de Vigilância Sanitária (ANVISA) que mantinha a obrigatoriedade do uso de máscaras em aviões e aeroportos, mesmo após estudos científicos robustos indicarem sua ineficácia.

Sinalização de virtude certamente é uma das características do identitarismo. Mas um nome melhor foi oferecido pelos filósofos Justin Tosi e Brandon Warmke: *exibicionismo moral*.[13] Já usei bastante o verbo "pavonear-se" para os identitários. A edição original do livro traz na capa a foto de uma pena de pavão. Além do nome, eles definiram bem o que é isso. É o uso de linguajar moral para a autopromoção. Exibir-se moralmente é "transformar seu linguajar moral em um projeto de vaidade" com um desejo de reconhecimento.

Existem duas formas principais pelas quais as pessoas podem ascender na hierarquia social: pela obtenção de *prestígio* e por meio de atos de *dominação*. Os filósofos estimularam estudos preliminares que observaram que os exibicionistas morais atuam em ambas as esferas: para a própria tribo, buscam provar que têm um senso mais apurado de justiça, uma percepção mais aguçada para identificar a opressão, uma "empatia" mais intensa do que a dos demais. Para as tribos políticas rivais, adotam uma retórica voltada à intimidação, prática que culmina hoje no infame *cancelamento*.

IDENTITARISMO: FONTES INSTINTIVAS

As características centrais do exibicionismo moral podem ser agrupadas da seguinte forma:

- Acumulação: Manifesta-se, por exemplo, quando há um ataque coordenado contra alguém por supostos delitos de -fobia e -ismo. Dizer pela milésima vez que condena a atitude da pessoa nada acrescenta à discussão, então o conteúdo só importa para sinalizar que o exibicionista faz parte do grupo para o qual se exibe e com o qual faz exibicionismo. É uma estratégia de prestígio.

- Radicalização: Como acontece em muitos grupos ideologicamente definidos por crenças, há uma competição para ver quem tem maior fé que os outros. Boa propaganda é inflamar o tom ou afirmar coisas mais implausíveis. "E se eu disser que palavras ofensivas ameaçam a existência de um grupo?", pensaria o exibicionista. Mas provavelmente não é consciente: é uma forma de autoengano, o autoengano do propagandista.

- Falsificação: Aqui incluímos o autoengano, mas também a fraude consciente. Cerca de 15% dos supostos crimes de ódio nos Estados Unidos são falsos, mas a proporção aumenta dramaticamente quando limitamos a amostra aos casos que chegam à imprensa.[14] Para se exibir como vítima e delatora de racismo, uma mulher brasileira que esteve em um *talk show* do canal Globo forjou uma tentativa de sequestro da própria filha, colorida por comentários racistas.[15] O americano Jussie Smollett, ator de uma série musical, contratou dois irmãos nigerianos para fabricar um ataque homofóbico e racista contra si mesmo perpetrado por eleitores de Donald Trump — ele exagerou nos detalhes, tornando o caso "'bom' demais para ser verdade": menção ao slogan do político, laço de corda posto em seu pescoço para fazer alusão aos linchamentos históricos contra negros no país, até suposta água sanitária na pele, referência à sua ação branqueadora em roupas.[16]

- Ultraje excessivo: Se a intenção é mostrar superioridade na detecção de delitos morais, uma forma de propagandeá-la é manifestar o maior grau possível de ofensa subjetiva. Meu exemplo favorito: Thiago Amparo, colunista da *Folha de S.Paulo*, certa vez disse em rede social que estava passando mal, com ânsia de vômito e "tremendo" por "falta de acolhida" de seu público.[17] O motivo? O jornalista Leandro Narloch publicara uma resenha elogiosa no jornal de um livro do antropólogo Antonio Risério sobre mulheres negras que foram senhoras de escravos na Bahia, o que complica a narrativa identitária sobre raça no Brasil.[18]

A ética representa um campo de estudo importante, complexo e delicado no âmbito do pensamento filosófico. O exibicionismo moral manipula a linguagem ética para que indivíduos, de forma consciente ou inconsciente, exibam-se perante plateias como se fossem merecedores de um respeito especial, mesmo que tenham feito pouco ou nada para justificá-lo. Tosi e Warmke argumentam que o exibicionismo moral não é um fenômeno exclusivo do progressismo em geral ou dos identitários em particular. No entanto, é uma atitude consideravelmente comum entre ambos os grupos.

Conforme explicado pelos dois filósofos, o comportamento dos exibicionistas é inadequado sob a perspectiva de ao menos três grandes teorias metaéticas, as quais buscam determinar os padrões que distinguem corretamente o certo do errado. Caso o certo seja definido como aquilo que gera as melhores consequências ou minimiza ao máximo as negativas, o exibicionismo falha, pois suas práticas acarretam consequências danosas, como o aumento do ceticismo em relação a vítimas reais de crimes de ódio devido à existência de fraudes. Se o certo for definido como aquilo que segue princípios e deveres universalizáveis, como o de tratar as pessoas com respeito, o exibicionismo falha, pois desrespeita intensamente os outros, chegando até mesmo a tentar destruir suas fontes de sustento por opiniões que, frequentemente, não correspondem ao conteúdo que se alega. Se o certo for agir para promover determinadas virtudes e evitar vícios, conforme preconizado por Aristóteles, o exibicionismo moral se mostra falho, uma vez que as virtudes demonstradas são falsas e o comportamento alimenta o vício da vaidade.

Conforme fica evidente, os três ângulos de análise dos *tilts* mentais por trás do apelo do identitarismo não são mutuamente excludentes. A fundação moral cuidado/dano cria o grupo, o grupo é defendido com viés de coalizão e da confirmação, falsificação e ultraje excessivo. Participar do grupo oferece certas vantagens aos seus membros. A prosperidade econômica da qual desfruta o Ocidente, que atualmente depende bastante do setor de serviços e de atividade de natureza intelectual, criou um ambiente favorável para o desenvolvimento dessas atitudes e crenças. Uma estratégia para ascender à classe alta é adotar comportamentos associados a esse grupo. Entretanto, a classe tagarela ocidental, aquela que vive de ideias e discursos, não valoriza sinais tradicionais de consumo ostensivo como carrões ou usar uma dentadura de ouro e diamantes: isso é coisa de *nouveau riche*. O identitarismo é em si a dentadura áurea com a qual se exprime o sorriso da elite: é uma "crença de luxo", conforme sintetizado pelo psicólogo Rob Henderson.[19]

Aliada ao credencialismo que valoriza a exibição de diplomas, essa "crença de luxo" atua como um passaporte para a entrada nas camadas mais altas da sociedade. Se um rapper está disposto a exibir um sorriso adornado com brilhantes para demonstrar seu alto status social, é possível inferir que brasileiros diplomados estão dispostos a aceitar a narrativa de que o país foi estruturado para oprimir e a contribuir para a deterioração do devido processo legal, da liberdade de expressão e da própria Constituição, apenas para sinalizar pertencimento à elite intelectual. Pessoalmente, prefiro a postura do rapper.

O IDENTITARISMO É UMA RELIGIÃO?

Rotular o identitarismo como "religião" pode parecer atraente, especialmente para críticos irreligiosos, mas é uma simplificação inadequada. Embora compartilhe com as religiões as características como o viés de coalizão e certos elementos cognitivos — a detecção hipersensível de agência —, o identitarismo carece da universalidade e da riqueza de rituais típicos das religiões. A teoria cognitiva da religião proposta por Pascal Boyer ajuda a esclarecer essas distinções. A concepção de que o identitarismo é uma "seita" também não se sustenta, pois tal alegação implica julgamentos normativos que confundem mais do que esclarecem. O linguista John McWhorter, crítico do identitarismo que o classifica como religião, utiliza o termo de maneira intercambiável com "ideologia" — este é um rótulo mais apropriado, visto que é amplamente utilizado para doutrinas de natureza política, além de permitir uma abordagem que considero mais precisa e que respeita a complexidade do fenômeno.

Uma abordagem mais instigante de pensar a relação entre identitarismo e religião é avaliar se o cristianismo desempenhou um papel como uma das fontes de ideias e atitudes que moldaram essa ideologia. O cristianismo, de fato, parece reforçar a ênfase na fundação moral de cuidado/dano, exemplificado por passagens como "vinde a mim as criancinhas" e o já mencionado "os humildes serão exaltados". Observa-se também uma exaltação recorrente de marcas externas de humildade e sofrimento, além de uma desconfiança contra ricos e poderosos. Grande parte das críticas de Friedrich Nietzsche ao cristianismo, que ele descreveu como uma "moral de escravo", ajusta-se perfeitamente às características do identitarismo.

Jesus, no entanto, ensinou a dar a outra face ao agressor, postura que contrasta claramente com a atitude dos identitários, que mantêm registros de opositores — até mesmo daqueles que utilizam o termo "lista negra" —, promovem cancelamentos e, ao contrário do Nazareno, são frequentemente considerados desagradáveis em suas manifestações. Jesus também afirmou: "Dai a César o que é de César", frase que alguns interpretam como uma antecipação do conceito de laicidade do Estado e da separação entre o público e o privado. Os identitários, no entanto, parecem mais interessados em expandir sua influência e exercer domínio sobre esferas diversas. Deixo essas discussões para os teólogos. Para os nossos propósitos, é relevante observar que existe uma diversidade interna nas religiões, e que a possível relação causal entre o cristianismo e o identitarismo é difícil de estabelecer. O que é mais simples, por outro lado, é identificar quais facetas da identidade coletiva essa ideologia escolhe enfatizar e os pontos em que comete erros nessa ênfase. Esse será o tema abordado na próxima seção.

PARTE II
A IDENTIDADE E SEUS ABUSOS

4. GÊNERO: O SEXO QUE NÃO OUSA DIZER SEU NOME

> *O que é repugnante a todo ser humano é ser pensado sempre como membro de uma categoria e não como uma pessoa individual. O que é irrazoável e irritante é presumir que todos os gostos e preferências que se tem hão de ser condicionados à categoria à qual se pertence.*
> — Dorothy Sayers, 1938.[1]

A diferença entre homem e mulher, machos e fêmeas, não se limita ao espaço geográfico das culturas que a reconhecem, mas se estende às profundezas do tempo. O sexo, caracterizado como a diferenciação funcional reprodutiva entre duas células parceiras — uma de maior tamanho e estática, e outra menor e móvel —, surgiu há cerca de um bilhão de anos. Entretanto, essa configuração não ocorreu uma única vez, mas sim em várias ocasiões, pois mostrou-se vantajosa para os seres vivos.

Existe certa ambiguidade no que os biólogos querem dizer com o uso do termo "sexo". O modo mais econômico de reprodução para os seres vivos é aquele realizado pelas células dos próprios tecidos, ainda observado em organismos como bactérias e leveduras, que consiste em copiar a si mesmos com máxima precisão. Esse método de reprodução assexuada é tão vantajoso que ainda representa um desafio para a biologia explicar integralmente a prevalência do sexo na natureza. Um dos problemas desse processo de clonagem é que as fraquezas do indivíduo são as fraquezas de toda a população, que pode ser facilmente dizimada por um só tipo de doença ou adversidade ambiental devido à ausência de diversidade genética.

Qualquer outro processo distinto desse é passível de ser classificado como reprodução sexuada. No caso das bactérias, a troca de material genético entre duas células é ocasionalmente denominada "sexo". A resistência a antibióticos pode ser transferida dessa maneira. Esse tipo de transmissão horizontal, distinto da transmissão vertical de célula-mãe para células-filhas, desempenhou um papel fundamental nos primórdios da vida terrestre, indicando que a árvore genealógica dos seres vivos na Terra não se ramificou a partir de um único tronco, mas de uma estrutura mais semelhante a uma rede. Entretanto, caso isso seja considerado sexo, pertence a um domínio pouco familiar para nós em escala e tempo, além de estar distante dos detalhes moleculares da nossa reprodução. Afinal, ninguém ganha o mesmo formato do nariz do pai já depois de nascido, como é possível para uma bactéria adquirir resistência a antibióticos ganhando genes de outra.

A forma de reprodução sexual que nos é familiar possui um nome específico, é a anisogamia, definida pelos dois tipos de célula mencionados anteriormente: um pequeno (espermatozoide, pólen) e um grande (ovo, óvulo). O tamanho das células reprodutivas, denominadas gametas, é de tal importância que constitui a principal definição do que caracteriza o feminino e o masculino, ou, de maneira mais ampla, o que define um indivíduo como fêmea ou macho. Assim, uma flor que produz apenas pólen, ou uma gaivota que gera exclusivamente espermatozoides, são ambas considerados machos.

Podemos descrever como a anisogamia parece ter surgido em nossa linhagem: há aproximadamente um bilhão de anos, nossos ancestrais eram protozoários portadores de flagelos, caudas com as quais se propulsionavam ao nadar. Esses organismos eram móveis, todos iguais na forma. Esta é a *isogamia*, que o prefixo "an" em "anisogamia" nega. Esse modo igualitário de reprodução sexuada não é incomum em seres unicelulares, mas, quando esses protozoários começaram a experimentar a vida em colônias de células — o começo dos organismos pluricelulares —, a isogamia mostrou-se um método reprodutivo instável.

Existem diversas razões para tal fenômeno. Um dos principais efeitos da fusão dos gametas é que os genes passam a ter duas cópias. Durante o processo de replicação ou quando expostos a raios solares e certas substâncias, os genes estão sendo desligados por mutações, erros de cópia do DNA, o tempo todo a uma taxa baixa. Quando uma célula com uma cópia defeituosa de um gene não é capaz de discriminar entre parceiras sexuais que são idênticas ou diferentes de si, ela pode estar condenando o zigoto — resultado da fusão de dois gametas e começo de um novo organismo — a ter duas cópias defeituosas do gene. A preferência por células distintas de si para evitar a homogeneidade genética representa a forma mais primitiva de evitar a consanguinidade, mais conhecida como incesto. "Preferir" nesse contexto é apenas uma metáfora: o próprio processo corresponde à preferência. As células que não discriminam entre si morrem e não deixam descendentes, ao contrário das que aumentam sua diversidade genética ao buscar parceiros diferentes.

Além da vantagem genética decorrente da existência de diferentes tipos de célula reprodutiva, há uma tensão entre estratégias de sobrevivência: optar pelo risco, reproduzindo uma grande quantidade de clones, implica a necessidade adicional para essas várias cópias de serem de menor tamanho, pois os recursos são limitados. Por outro lado, optar pela segurança, investindo uma grande quantidade de energia para cada um de seus gametas fazendo-os maiores, resulta em um número reduzido de gametas. Dessa forma, num equilíbrio de estratégias descrito por modelos matemáticos aperfeiçoados desde a década de 1930,[2] concluiu-se, com relativa segurança, que a seleção natural do amor pluricelular não gosta de ficar em cima do muro: prefere cair para dois lados, favorecendo de um lado células cada vez maiores e pouco numerosas *que proporcionam segurança* e não se movem, e de outro células milhares de vezes menores, produzidas em nuvens de bilhões, cada uma das pequeninas carregando um *risco muito maior* de jamais ver a próxima geração. Foi assim que surgiram as distinções entre fêmea e macho.

Esse é o motivo pelo qual existe um binário sexual. Nesse antigo contexto histórico, os dois grandes pilares da evolução, sobrevivência e reprodução são, na realidade, um único princípio. Perceba que as humildes células já sugerem um padrão antes mesmo do aparecimento de estruturas mais complexas, como útero e qualquer ovo: o sexo feminino é aquele que tenderá a desempenhar um papel mais proeminente ao *oferecer cuidados* aos filhotes, seja esse cuidado na forma de um grande citoplasma cheio de nutrientes, de uma casca de ovo que o proteja da desidratação em ambientes secos ou de ser comido facilmente, de um útero que acompanha seu desenvolvimento embrionário, na fase mais delicada, ou ainda de comportamentos agressivos contra potenciais predadores ao redor, e assim por diante.

Em síntese, **a distinção entre macho e fêmea pode ser entendida como uma divisão de tarefas.** Na biologia, quase todo padrão possui exceções; encontram-se, por exemplo, espécies que se reproduzem assexuadamente de forma constante ou em situações contextuais específicas (como é o caso de rotíferos e do escorpião amarelo), machos que desempenham um papel mais ativo que as fêmeas no cuidado dos filhotes (como ocorre nos cavalos-marinhos, nos quais os machos "engravidam"), e até mesmo espécies em que as fêmeas penetram os machos (como um inseto cavernícola encontrado no Brasil). Contudo, a ciência não se fundamenta em exceções, o papel da ciência é buscar generalidades e simplificações precisas, que nos ajudem a compreender, explicar e prever a realidade.

Àqueles que possuem um conhecimento básico sobre os fatos relacionados ao sexo biológico, não é surpreendente que, em humanos, as meninas *demonstrem uma tendência* a preferir brincar de boneca enquanto os meninos apresentam maior inclinação para interagir com outros objetos e participar de brincadeiras que envolvem mais risco. Filhotes de outros primatas mostram o mesmo padrão comportamental.[3]

Esse padrão observável na natureza precede fenômenos sociais e culturais. Assim como altura, atratividade e variações distintivas de grupo, o sexo, nos seres humanos, adquire uma valência cultural. Em princípio, aqueles que desejam analisar a dimensão cultural e social deveriam possuir, ao menos, uma compreensão básica das placas tectônicas biológicas por trás dos terremotos culturais. Mas a triste realidade é que uma porção substancial deles está mais interessada em negar ou desenfatizar a relevância dessa base biológica.[4]

Caso fosse necessário selecionar um mantra representativo para os estudos culturais sobre sexo, um bom candidato seria: "Qualquer biologia é biologia demais". O conceito de tábula rasa possui uma longa tradição, que, em parte, pode ser considerada nobre. Entretanto, é possível observar a prevalência de uma perspectiva antibiológica no estudo das relações entre homens e mulheres, especialmente com o advento da distinção entre sexo e gênero.

PARA NÃO FALAR DE SEXO, A CULTURA PARIU O CONCEITO DE GÊNERO

O uso do termo "gênero" para referir-se às diferenças entre homem e mulher é antigo em nossa língua, tão velho quanto o Brasil. Um dos registros mais antigos data de 1557, encontrado em uma obra do jurista Rui Gonçalves, *"Dos priuilegios & praerogatiuas q[ue] ho genero feminino te[m] por dereito com[um] & ordenações do Reyno mais que ho genero masculino"*. A mensagem provavelmente agradaria às líderes femininas, já que o livro foi republicado em 1785 como uma homenagem à D. Maria I.

A intenção do jurista português ao tratar dos gêneros era refutar as vozes misóginas que remontam à Antiguidade, utilizando "um elenco de mulheres que ilustram a superioridade do gênero feminino em comparação ao masculino".[5] São mais de cinquenta mulheres admiráveis citadas, de Joana D'Arc a Cassandra, de fontes como Aristóteles, Cícero, Homero, Santo Agostinho e a Bíblia.

Entre os diversos aspectos interessantes que se pode observar de um livro com mais de quatro séculos e meio de existência, o uso do termo "gênero" não se destaca como um deles. O editor da versão de 1785 utiliza o termo como sinônimo de "sexo", exemplificado pela afirmação: "Muitas mulheres são viciosas, mas sempre por impulsos do sexo masculino; e se alguém pretender reformar, e converter as mulheres, cuide primeiro em fazer castos, honestos e bons a todos os homens".[6] Parece que estava na moda (ou era estilo de Gonçalves) utilizar "gênero" no século XVI, enquanto no século XVIII predominava o uso de "sexo". O termo *genus* (cujo genitivo é *generis*), no latim, significa tipo, classe, categoria de pessoas ou coisas. O vocábulo também pode estar relacionado à ideia de *gerar* ou dar à luz, enfatizando o aspecto biológico da reprodução.

Outro uso antigo de "gênero" origina-se do termo grego *genos*, empregado por Aristóteles, e refere-se ao gênero gramatical: uma categoria de substantivos que determina certas regras de concordância nas línguas: há substantivos masculinos, femininos e neutros na base das línguas indo-europeias. Já o português perdeu o gênero neutro, substituindo-o por dois gêneros: um marcado (feminino) e outro não marcado (masculino), que atua como neutro generalizador no singular e no plural (até que José Sarney passou a insistir em dizer "brasileiros e brasileiras", o que, a rigor, é redundante). O inglês perdeu a distinção de gêneros, mas algumas palavras, como *blonde* (loira), oferecem indícios de um passado diferente.

Na língua inglesa, o uso das palavras *sex* e *gender* como sinônimos pode ser rastreado até o século XIV. Na edição de 1899, o Dicionário Oxford afirma explicitamente que o uso do termo "gênero" em substituição a "sexo" possuía uma conotação de piada.[7] No século que estava prestes a se iniciar, a palavra *sexo* adquiriu conotações eróticas que anteriormente não possuía, incentivando que a piada se tornasse coisa séria.[8] A ideia era falar de mulheres e homens sem fazer alusão acidental ao ato libidinoso.

Em 1988, nas ciências sociais, o termo "sexo" era utilizado dez vezes mais que "gênero", mas essa diferença diminuiu para o dobro em 1999. Atualmente, essa tendência se inverteu, invadindo até mesmo a literatura das ciências mais duras, como exatas e naturais. A equivalência entre os termos foi abandonada com a ascensão da assim chamada "Nova Esquerda" nos anos 1960, junto com a "Segunda Onda" do feminismo radical (essencialmente, identitarismo de sexo), alicerçada em trabalhos fraudulentos como o de John Money. Money afirmou que o gênero era determinado exclusivamente pela cultura, sugerindo que um menino, cujo pênis foi acidentalmente perdido em uma circuncisão mal realizada durante a infância, fosse criado como menina por seus pais. No entanto, a experiência fracassou quando o jovem — David Reimer — declarou enfaticamente que sua identidade real era masculina.

Contudo, como demorou a demonstração de fraude no trabalho de Money, o divórcio conceitual estava completo. No novo entendimento adotado pelas elites acadêmicas das letras, sexo era para a biologia e a medicina, e gênero, para a cultura, a psicologia e a sociologia. O termo sexo é o que está nos registros médicos, gênero é o que está na autopercepção ou na imposição de uma "construção social" de papéis que nada têm de naturais.

UMA DISTINÇÃO SEM DIFERENÇA

Para decepção dos ativistas, no entanto, a realidade cientificamente observada tem uma mania de não respeitar distinções *a priori* que inventamos. Algumas distinções carecem de correspondência com diferenças reais. Não é só nas diferenças estatísticas de escolhas de brincadeira dos pequenos que nós nos assemelhamos a outros animais.

A diferença entre os sexos está presente na personalidade: apenas 10% dos homens e mulheres apresentam traços de personalidade que os tornam indistinguíveis entre si. A maioria, no entanto, alinha-se às características de personalidade tradicionalmente associadas ao seu sexo ou gênero:

DIFERENÇAS DE PERSONALIDADE ENTRE OS SEXOS.[9]

Característica	Maior em:	Tamanho da diferença	Significado da diferença [% de um desvio padrão]
Cordialidade	Mulheres	Grande	89%
Estabilidade emocional	Homens	Médio	52%
Dominância	Homens	Médio	54%
Vivacidade	Mulheres	Pequeno	5%
Conscienciosidade	Homens	Médio	38%
Coragem social	Homens	Pequeno	18%
Sensibilidade	Mulheres	Enorme	230%
Vigilância	Homens	Médio	36%
Abstração	Nenhum	—	0%
Privatividade	Homens	Pequeno	15%
Apreensão	Mulheres	Médio	60%
Abertura a mudanças	Homens	Moderado	21%
Autonomia	Mulheres	Pequeno	12%
Perfeccionismo	Nenhum	—	0%
Tensão	Mulheres	Moderado	27%

Essa diferença também é observada em escolhas de carreira. Mulheres demonstram mais interesse em atuar em profissões que envolvem o *cuidado* e a interação com pessoas, enquanto os homens tendem a preferir carreiras focadas em objetos inanimados. Quando se tomam profissões com alto risco de vida, as mulheres praticamente desaparecem. Para quem pensa que isso se explica pela cultura, surge um paradoxo bem conhecido: quanto maior a liberdade individual em uma sociedade, mais eles orbitam nessas direções específicas, *aumentando* a diferença entre os sexos.[10]

Questionar a distinção entre sexo e gênero não se limita ao âmbito do conhecimento — também envolve reconhecer a extensão de nossa ignorância sobre o tema. Mesmo nesta era em que estudos de associação com todo o genoma em centenas de milhares de indivíduos ficaram viáveis, é difícil, senão impossível, separar as causas biológicas das culturais nas diferenças observadas. Dessa forma, essa distinção parte do pressuposto de um conhecimento excessivo: a linha imaginária separando ambiente cultural de influência biológica. Em resumo, ninguém sabe onde ela está.[11] Por falar em genomas, contudo, é evidente que a composição genética feminina predispõe as mulheres a identificar com maior precisão as emoções expressas nos rostos das pessoas.[12]

O sexo é um fenômeno multifacetado, abrangendo desde o nível molecular até as sociedades e culturas. Separar sua faceta sociocultural das demais e atribuir-lhe um novo nome seria equivalente a distinguir entre "água", um fluido previsível e que se comporta de maneira ordenada em fluxo laminar, e "úgua", um fluido extremamente complexo que desafia nossa compreensão quando em estado de turbulência. Se entendermos a complexidade que se intensifica à medida que transitamos de áreas fundamentais para contextos mais abrangentes, é exatamente isso que foi feito quando gênero foi divorciado de sexo.

Ao buscar conhecimento, o objetivo é dissecar a natureza em suas junções naturais, assim como o açougueiro divide um animal em cortes específicos. Esse princípio foi articulado por Sócrates no diálogo *Fedro*: "Dividir em espécies de acordo com a formação natural, onde as junções realmente existem, sem fraturar nenhuma parte como faria um entalhador inexperiente". As junções naturais servem como guias para definir quando uma parte deve ser conceituada como distinta e separada de outra. No entanto, não há uma junção claramente definida que permita separar sexo e gênero de maneira precisa.

RESPONDENDO A ACUSAÇÕES DE "DETERMINISMO BIOLÓGICO"

A eliminação da distinção entre sexo e gênero não é algo que vem para detrimento do estudo do aspecto cultural de ser mulher ou homem. Afinal, a antropóloga Margaret Mead, uma das vozes mais respeitadas nas ciências sociais, não precisou dessa distinção ao publicar seu influente livro sobre as jovens de Samoa em 1928, o qual levou os americanos a reconsiderar a repressão sexual imposta às suas próprias jovens.

Por que Margaret Mead escolheu Samoa para realizar sua pesquisa? A própria Mead questionou: "As perturbações que constrangem nossos adolescentes são devidas à natureza da própria adolescência ou à civilização? Sob condições diferentes, a adolescência se apresenta de outra forma?". Mead concluiu que a resposta era afirmativa: se os meninos são direcionados para a pescaria e as meninas para cuidar das crianças, isso é imposto pela cultura, pensava Mead.

A *Encyclopedia Britannica* classifica a posição defendida por Mead como "determinismo cultural", um termo raro, especialmente em comparação com "determinismo biológico", mas que reflete com precisão suas ideias. Embora estivesse equivocada ao acreditar que a divisão de tarefas era inteiramente um resultado da cultura, Mead estava correta ao sugerir que a sociedade samoana indicava que as mulheres americanas poderiam usufruir de maior liberdade do que aquela permitida por sua própria cultura. "A jovem de dezessete anos não deseja se casar — ainda não. É preferível viver como uma jovem, sem responsabilidades, e com uma rica diversidade de experiências. Esse é o melhor período de sua vida."[13]

Vale destacar que a postura de Mead não correspondia à de uma "colonizadora", como algumas críticas identitárias poderiam sugerir atualmente. Em outra obra, Mead relata: "Em Samoa, aprendi a me curvar quase em dobro ao passar por uma pessoa sentada com elevado status, e hoje, quando preciso atravessar na frente de alguém que considero com grande respeito, sinto uma curiosa coceirinha na lombar".[14] A observadora foi transformada pelos observados.

A posição defendida aqui não pode ser rotulada como "determinismo biológico" sem incorrer numa boa dose de desonestidade. Não se trata de inverter o determinismo cultural proposto por Margaret Mead e afirmar que os homens samoanos do início do século XX preferiam a pesca em detrimento do cuidado infantil devido a uma suposta programação genética.

O uso do termo "determinismo" (como xingamento) frequentemente ignora que as ciências passaram por transformações na mesma época do trabalho seminal de Mead, devido às inovações introduzidas pela estatística. Ciências maduras já não se assemelham mais como a mecânica de Isaac Newton, em que só interessa o padrão central descrito por uma equação (embora a importância dessa abordagem seja inegável) como "força é igual à massa vezes a aceleração". Atualmente, além de fazer isso, nós analisamos como a natureza se distribui em padrões de variação e incerteza. Assim, no estudo do comportamento humano, observamos propensões, tendências, inclinações. Os genes, juntamente com o ambiente, a cultura e as decisões individuais, constituem componentes inextricáveis que contribuem para essas tendências.

Ser homem ou mulher é resultado da natureza ou da cultura ("nature *vs.* nurture")? Trata-se de uma combinação de ambos, já que "natureza" e "cultura" são rótulos excessivamente abrangentes para descrever uma complexa e intrincada rede de interações causais. Os genes humanos não são como um programa de computador. São mais como uma receita de bolo, na qual nunca há garantia de que o bolo sairá *exatamente* como o esperado. No entanto, assim como um bolo de limão não terá gosto de chocolate, só há duas formas de ser em termos de sexo/gênero, e essa distinção foi definida por simples células natantes, há cerca de um bilhão de anos.

POR QUE A ABORDAGEM IDENTITÁRIA DOS SEXOS/ GÊNEROS É EQUIVOCADA

As tragédias envolvendo a menina chinesa e Earl Silverman, discutidas no final do capítulo, não se originam do simples reconhecimento, por parte dessas culturas, de que existem diferenças entre os sexos. Esses eventos trágicos decorrem das valorações e expectativas impostas sobre padrões de comportamento, frequentemente acentuando de maneira desproporcional as diferenças entre os sexos. A cultura chinesa, desde os tempos de Confúcio, assim como o Ocidente durante grande parte de sua história, incorreu no equívoco de tentar obrigar os indivíduos a se conformarem a padrões preestabelecidos, independentemente de tais padrões serem ou não compatíveis com sua natureza individual.

Algumas mulheres, como a famosa Mulan, trazem muita honra para suas famílias fazendo coisas associadas ao outro sexo. A sociedade como um todo pode se beneficiar se as mulheres, como indivíduos, possuírem a mesma gama de possíveis escolhas, mesmo que a maioria opte por viver de um modo tradicional — se foi escolhido e não imposto, isso é um abono à tradição, afinal. Tradições que precisam de autoritarismo sobre indivíduos raramente são aquelas que mais os conduzem à felicidade.

Earl Silverman (ver Caso 2, no fim do capítulo) viveu em um contexto cultural em que a percepção da injustiça histórica contra mulheres deu origem a novas formas de injustiças contra homens. Esse é um problema inerente ao feminismo: ele permanece justo apenas enquanto a promoção dos interesses específicos das mulheres (como sugerido pela etimologia do termo "feminismo") estiver em consonância com o ideal liberal mais abrangente de tratar todos os indivíduos, de maneira igualitária, sob as mesmas normas e assegurar a proteção de direitos fundamentais, como a vida e a integridade corporal, por parte do Estado. Quando esse identitarismo de gênero sustenta que o melhor interesse das mulheres consiste em subverter o sinal de tudo o que for tradicional ou estereotípico, ou em reforçar sua imagem como seres inimputáveis e incapazes (coincidindo com as leis machistas que as tratavam como objetos de propriedade dos maridos desde o código de Hamurábi), é inevitável que tais práticas gerem injustiças.

Se respondermos afirmativamente à pergunta da escritora Dorothy Sayers em 1938, "As mulheres são humanas?", não podemos então agir como se fossem anjos, incapazes de cometer erros, incluindo a prática de violência doméstica contra seus companheiros. As revistas *The Atlantic* e *Salon* contestaram as declarações de Silverman por dizer que havia uma paridade de vitimização entre os sexos nos relacionamentos heterossexuais. Citaram estudos que buscavam demonstrar que essa paridade não é real, e que as esposas são, em geral, mais vitimadas pelos maridos do que o contrário. No entanto, existem diversos estudos que indicam o oposto: uma quase paridade ou até mesmo uma paridade completa.[15] De fato, os homens são mais fortes. Por esse motivo, quando as mulheres recorrem à violência contra seus parceiros, costumam utilizar objetos. Uma vantagem muscular e de tamanho é neutralizada se a pessoa mais fraca usa armas de fogo, facas, água fervente, tijolos, atiçadores de lareira e paus. A maior manifestação de agressividade masculina é na violência contra *outros homens*, especialmente antes da maturidade chegar. Por essa razão, eles são as principais vítimas de assassinatos, e principais perpetradores. E em várias culturas, homens violentos são recompensados pelas mulheres.[16]

De fato, as mulheres são as principais vítimas de assassinatos motivados por ciúmes conjugais, representando entre 50% e 70% das vítimas femininas de homicídio, em contraste com apenas 3% dos homens assassinados por motivos similares. Entender a biologia nesse contexto também é relevante: esse comportamento decorre de uma vigilância sexual sobre a parceira, uma vez que, para o homem, a traição representa uma ameaça à sua reprodução. Assim, a evolução desse sentimento, bem como a diferença entre os sexos nesse aspecto, é algo previsível.[17] Indivíduos incapazes de manifestar ciúmes deixaram menos descendentes. É uma tendência que pode ser reformada pela educação e cultura, mas não completamente eliminada. Contudo, isso não modifica em nada a culpa dos ciumentos que agridem e matam: eles ainda devem ser responsabilizados por seus atos. No entanto, uma força policial que reconheça diferenças comportamentais entre os sexos é simplesmente mais eficiente, pois compreende que, em casos de homicídios misteriosos envolvendo mulheres adultas, os ex-namorados e ex-maridos devem ser os primeiros a serem considerados suspeitos.

Um fator que reduz os índices de violência doméstica contra a mulher é a presença de parentes do sexo masculino nas proximidades, os quais desempenham o papel de força protetora. Entre os yanomami, uma das culturas em que o sucesso dos homens em contextos de violência bélica é recompensado com status social e número de esposas, as mulheres "temem profundamente a possibilidade de se casarem com homens de aldeias distantes, pois sabem que seus irmãos não estarão presentes para protegê-las" de potenciais abusos domésticos, conforme esclarecido pelo antropólogo Napoleon Chagnon. Os agressores estão cientes do papel protetor exercido pela família e, por essa razão, frequentemente buscam isolar suas parceiras.

Sob a perspectiva biológica, é evidente a razão pela qual homens, especialmente quando se sentem ameaçados e percebem um valor reprodutivo inferior em comparação ao de suas parceiras, tendem a cometer violência doméstica. Entretanto, por que mulheres recorreriam a tal comportamento, a ponto de estudos indicarem que podem alcançar a paridade enquanto perpetradoras? Uma das razões é retaliação ou até legítima defesa. Por outro lado, pode haver uma simetria pautada pelo ciúme, para impedir que parceiros que elas veem como de alta qualidade abandonem a relação. Independentemente disso, uma simetria no número de perpetradores e vítimas entre os sexos não implica necessariamente uma simetria em termos de motivações e instintos subjacentes à agressão. É improvável que esses sejam os mesmos, justamente por causa das diferenças psicológicas entre os sexos.

Sem dúvida, as mulheres são as principais vítimas de coerção sexual e estupro. O cérebro masculino heterossexual, sem disciplina, apresenta um déficit de atenção observado em pesquisas quando está diante de mulheres atraentes. Uma região do cérebro associada ao prazer é ligada automaticamente, apenas com uma simples imagem delas. Esse fenômeno pode explicar os olhares indesejados que incomodam algumas mulheres, embora também seja verdade que alguns homens fazem isso para "sinalizar masculinidade". O ator Dustin Hoffman, ao interpretar um personagem que se travestia como mulher no filme *Tootsie* (1982), não ficou satisfeito com o que viu no espelho: ele não se transformou em uma mulher atraente. Essa experiência o levou a refletir sobre como ele tratou, ao longo de sua vida, mulheres consideradas pouco atraentes: com desatenção e descaso, sem demonstrar qualquer interesse genuíno por suas personalidades. Em entrevista, ele expressou seu arrependimento com lágrimas sinceras. Se o "feminismo" se limitasse a tais reflexões, não haveria qualquer elemento condenável nessa ideologia.

Quando as pessoas se encontram em ambientes onde o consumo de álcool é elevado, substância que reduz as inibições, observa-se que os olhares persistentes, frequentemente descritos de maneira coloquial como "secar", tornam-se toques indesejados. As mulheres apresentam o dobro de probabilidade de se tornarem alvo. Mulheres entre 18 e 25 anos, faixa etária preferida pelos homens devido a sua maior fertilidade — ainda que esse fator não seja um cálculo consciente —, apresentam um risco três vezes maior em comparação às mulheres de idades mais avançadas. Indivíduos que realizam toques indesejados e sem consentimento são predominantemente homens, representando 99,5% dos casos, conforme apontado em um estudo específico.

Os atrevidos e sua versão extrema, os estupradores, são um afunilamento do padrão geral da atenção seletiva da maioria para uma minoria sádica dos homens, seguindo a intensidade do dano e da crueldade causada, e é esta minoria a responsável pela maior parte desses crimes.

A maior parte dos casos de toques indesejados ocorre com homens que interpretam de maneira equivocada um sorriso ou um esbarrão acidental em ambientes como festas e baladas. No entanto, para cometer um estupro, é necessário muito mais do que uma simples má interpretação. Aproximadamente 90% dos homens preferem que a parceira sexual demonstre consentimento de forma ativa, não na forma de formulários burocráticos propostos por feministas, mas com sinais de que está gostando. Os demais homens se dividem entre os que são indiferentes e uma minoria ainda menor que prefere sinais de resistência. Entretanto, até entre esses últimos, é possível redirecionar essa preferência para práticas consensuais que simulam a coerção — uma fantasia comum entre algumas mulheres. Sadismo e indícios de psicopatia, dos subclínicos aos diagnosticáveis, motivam os estupradores em série.

A abordagem do identitarismo de gênero em relação a temas como atenção indesejada, assédio e estupro apresenta um problema fundamental: influenciado pelos pós-modernos e teóricos "críticos", essa visão trata a questão como um jogo de poder, e não de sexo. Pesquisadores que buscam incorporar elementos biológicos de diferenças entre os sexos para entender a questão são "cancelados", difamados, suas carreiras são postas em risco.[18] São inegáveis os elementos de poder no estupro, certamente como ilustrado por seu uso como arma em conflitos e guerras, e sua associação com sexo na cabeça de assediadores contumazes. No entanto, é um reducionismo simplista e um determinismo cultural alegar que o estupro está exclusivamente relacionado ao poder e não possui qualquer relação com sexo. Essa visão não explica por que são as mulheres *mais atraentes* as que têm maior risco. Mulheres com mais de 45 anos têm probabilidade menor de serem vítimas. A perspectiva evolutiva oferece explicações para esse fenômeno, enquanto o identitarismo não. Homens em posições de poder que praticam assédio ou estupro representam um subconjunto minoritário dos homens, não uma maioria deles.

Um fato inconveniente para o feminismo identitário é que tanto homens quanto mulheres concordam em considerar as mulheres como pessoas mais agradáveis que os homens,[19] conforme já sugerido por Rui Gonçalves em seus escritos históricos. Esse fenômeno foi denominado "efeito mulheres são magníficas" pelos pesquisadores que o identificaram. Portanto, o termo "patriarcado" é, no mínimo, uma descrição inadequada para sociedades e culturas nas quais as mulheres já conquistaram o direito ao voto, possuem liberdade para escolher suas carreiras — distanciando-se, de maneira espontânea, das preferências profissionais dos homens — e frequentemente são admiradas, ouvidas e lidas. Estudos também indicam que as mulheres tendem a adotar um comportamento corporativista mais intenso entre si em comparação aos homens, o que pode resultar em injustiças, assim como atitudes inconscientes de homens bem-intencionados, como o caso de Dustin Hoffman. Sob a influência do identitarismo de gênero, o Brasil tem aprovado uma série de leis que partem da presunção de que as mulheres são mais merecedoras de proteção do que os homens, comprometendo assim a igualdade perante a lei e o devido processo legal. Questões em que os homens estão mais propensos a serem vítimas de injustiças, como a alienação parental, são frequentemente negligenciadas. Atualmente, há planos para alterar ou revogar a lei de alienação parental, a fim de favorecer as mulheres.[20]

O identitarismo de gênero ultrapassou os limites aceitáveis. Em 2017, um engenheiro de software do Google redigiu um memorando no qual questionava cotas para mulheres em sua área profissional, apresentando fatos descobertos sobre as diferenças de preferência entre os sexos, explicando que seria improvável que tantas mulheres quanto homens se interessariam por certos tipos de programação pesada (embora as que têm interesse sejam muito bem-vindas), assim como é improvável que tantos homens quanto mulheres se interessem por trabalhar em creches, sendo portanto uma utopia estabelecer cotas de 50% para um sexo ou outro. O engenheiro, James Damore, foi sumariamente demitido e difamado na imprensa pelo diretor executivo Sundar Pichai, que alegou que o memorando era "ofensivo" e que reforçava "estereótipos nocivos de gênero". Damore, no entanto, destacou apenas as diferenças em termos de interesses, sem sugerir qualquer distinção em termos de capacidade.[21]

Estereótipos, talvez sim. Mas nocivos, por quê? Há mais de uma década, a porcentagem de mulheres americanas empregadas na área de engenharia de software se mantém estável em aproximadamente 20%, tendo inclusive apresentado uma leve queda durante o período de crescimento do identitarismo. Ainda que a teoria da tábula rasa estivesse correta, que todas as diferenças de interesse entre os sexos fossem atribuíveis à cultura, o fato é que as mulheres americanas que se formam em ciência da computação representam também 20% do total de graduados na área. Diante desse cenário, como seria justificável a implementação de uma cota de 50%? Essa obsessão pela igualdade de resultados, uma clara prima do comunismo, está fadada a gerar injustiças e prejudicar empresas ao pressioná-las para contratar profissionais em função de seu sexo em vez priorizar formação ou competência. Esse posicionamento revela incoerência, sobretudo quando consideramos a ausência de interesse dos identitários em implementar cotas para mulheres em profissões dominadas por homens, uma vez que, mesmo oferecendo remuneração elevada, tais ocupações envolvem altos riscos e instabilidade quanto ao local de trabalho, fatores que são menos tolerados por mulheres. Ou cotas para homens entre as enfermeiras, já que a desculpa é "igualdade".

Insistir na tábula rasa tem consequências. Na década de 1990, uma rede de supermercados adotou um programa "inovador" de atendimento ao cliente, que exigia que os caixas mantivessem contato visual e sorrissem para os clientes. As funcionárias entraram com uma ação judicial contra a empresa, alegando corretamente que a exigência de manter contato visual e sorrisos constantes atraía atenção sexual indesejada e até *stalking*.[22] Os homens, por questões evolutivas, possuem uma predisposição para buscar maximizar suas oportunidades de reprodução, uma vez que seu material genético é mais abundante e menos custoso, em termos biológicos, para o organismo do que o das mulheres. Essa predisposição resulta em uma maior tendência a interpretar erroneamente sinais como demonstrações de interesse sexual. Enquanto prevalecer a visão de que o ser humano é apenas um produto da cultura e de que a educação é capaz de eliminar completamente as diferenças inatas entre os sexos, situações como essa continuarão a ocorrer.

O receio de que a ciência revele diferenças nas capacidades entre os sexos também merece consideração. Neste contexto, é oportuno recordar feministas liberais como a sufragista britânica Millicent Fawcett. Em 1872, ela publicou um artigo notável em que respondia a 13 argumentos que, à época, eram amplamente utilizados para justificar a negação do direito ao voto feminino. Um dos argumentos apresentados era direto e contundente: "As mulheres são intelectualmente inferiores aos homens".

Fawcett responde da seguinte forma: "Não entrarei na questão controversa sobre se as capacidades intelectuais de homens e mulheres são iguais. É quase impossível, por falta de evidências, comprovar se são ou não". Uma observação bastante sensata, para uma era anterior ao desenvolvimento da psicometria. A questão é irrelevante na discussão dos direitos civis, ela acrescenta. "Suponha que se pudesse comprovar, sem margem para dúvidas, que, em média, os poderes intelectuais das mulheres fossem inferiores aos dos homens. Se isso fosse estabelecido de maneira completa e satisfatória como fato, ainda assim não justificaria a privação das mulheres e seus direitos eleitorais." Em seguida, ela sugere ao leitor que imagine que os ingleses do norte possuam menor inteligência (uma crença não incomum à época): isso também não justificaria a retirada de seus direitos eleitorais. Aqui reside o ponto mais perspicaz de seu argumento: uma compreensão intuitiva de conceitos estatísticos. "Mesmo as pessoas que afirmam de forma mais ardente a inferioridade das mulheres nunca disseram que todas as mulheres são inferiores a todos os homens." A diferença, se de fato existir, se manifesta apenas na média, e, por definição, apresenta exceções. E então ela menciona mulheres que ninguém ousaria questionar a inteligência, como a rainha Elizabeth I.[23] Se uma alegada inferioridade intelectual fosse suficiente para justificar a perda de liberdades e direitos, por coerência, os opositores do sufrágio feminino teriam que empreender uma reforma social irrealizável. Seria mais racional, coerente e justo apoiar o voto feminino, como já faziam figuras eminentes como Charles Darwin e John Stuart Mill, que a sufragista menciona entre seus apoiadores.

Atualmente, dispomos das evidências que faltavam a Fawcett em sua época. As diferenças intelectuais entre os sexos, quando observadas, mostram-se pequenas. Quando essas diferenças se tornam mais pronunciadas, a explicação mais plausível está nos *interesses*, cujas divergências já são visíveis desde a infância, conforme ilustrado na tabela a seguir.

DIFERENÇAS DE CAPACIDADE COGNITIVA ENTRE OS SEXOS BASEADAS EM 1292 PARES IRMÃO-IRMÃ:[24]

Característica*	Vantagem	Tamanho da vantagem**	Significado estatístico da vantagem
Ciência	Masculina	Pequena	21% de um desvio padrão.
Aritmética	Masculina	Pequena	17% de um desvio padrão.
Vocabulário	Feminina	Pequena	7% de um desvio padrão.
Compreensão de leitura	Feminina	Pequena	21% de um desvio padrão.
Operações numéricas	Feminina	Média	27% de um desvio padrão.
Velocidade de codificação	Feminina	Média	48% de um desvio padrão.
Informação sobre veículos	Masculina	Grande	89% de um desvio padrão.
Conhecimento matemático	Igual entre sexos	Nulo	0% de um desvio padrão.
Compreensão mecânica	Masculina	Média	58% de um desvio padrão.
Informação sobre eletrônica	Masculina	Média	56% de um desvio padrão.
Inteligência geral	Masculina	Pequena	<7% de um desvio padrão.

* Baseada no Teste de Aptidão Vocacional das Forças Armadas (ASVAB).

** Para comparação, a diferença da média de altura entre homens e mulheres, que é alta, é de 1,63 desvio padrão. Ou seja, a diferença entre homens e mulheres na altura é 25 vezes e meia maior que a diferença observada na inteligência geral.

Conforme sugerido pelo filósofo canadense Joseph Heath, a razão, definida por Aristóteles como a característica que mais nos distingue dos outros animais, funciona como um software que opera em processamento em série, apresentando limites de velocidade, em contraste com o processamento paralelo.[25] Esse software pode ser executado com a mesma eficácia tanto em um hardware masculino quanto em um feminino. Mas qual é, então, a diferença no "hardware"? Essa distinção entre os sexos é denominada "dimorfismo sexual" na biologia. Nos seres humanos, o grau de dimorfismo sexual situa-se em um nível intermediário quando comparado ao de seus parentes mais próximos. Machos e fêmeas da nossa espécie apresentam um grau de diferenciação maior do que o encontrado entre os gibões, mas não tão acentuado quanto o observado entre os gorilas. Os seres humanos possuem outras particularidades, como o padrão de formação de pares românticos que se assemelha ao de muitas espécies de aves, caracterizado por monogamia longa e sequencial. Além disso, apresentam peculiaridades como a sincronia dos ciclos menstruais entre mulheres que convivem e o fato de ocultarem sinais de ovulação.

A promoção de liberdades individuais plenas para indivíduos, independentemente de seu sexo, é compatível com um tipo de igualdade que tem natureza moral, e não factual: sendo desejável que as autoridades e as leis tratem os indivíduos como iguais. Entretanto, isso não se refere a uma igualdade factual, nem a uma homogeneidade de características físicas e psicológicas. Homens e mulheres devem ser livres para expressarem suas diferenças, e rejeitarem tanto a pressão para se conformarem ao que é considerado típico e estereotípico de seus sexos quanto a pressão para exibirem superioridade moral afastando-se desses padrões apenas para satisfazer a agenda de uma tribo política que tem obsessão em provar que a sociedade está sempre errada. Os sexos são parceiros que dividem tarefas, ainda que por vezes se prejudiquem mutuamente. Historicamente, as mulheres enfrentaram desvantagens em questões como os costumes sociais, mas não nas relacionadas aos conflitos bélicos. Os sexos podem ter conflitos, porém jamais estiveram em guerra direta entre si.

> **CASO 1.** Na década de 1980, o camponês Liu Chunm Shan chamou a sua pequena filha para sair pelos campos da China para visitar sua tia. Ele a carregou nas costas e seguiu o caminho. O ritmo dos passos do pai a fez dormir. Certificando-se de que ninguém os observava, Liu envolveu a cabeça da filha com uma toalha e a atirou para o fundo de um poço. "Papai, papai!", gritava a menina, lentamente perdendo o fôlego. Contudo, o pai permaneceu inabalável. Ele acendeu um cigarro e esperou que ela morresse afogada.[26] A postura machista, sexista e misógina não é exclusividade da China, no entanto, o tratamento diferenciado por sexo, com expressão trágica no infanticídio de meninas, possui raízes por lá. O *Livro de Odes* (*Shijing*), uma compilação de canções e hinos supostamente

selecionados pelo próprio Confúcio, data de 1000 a 600 a.C. e inclui a Ode 189, que descreve o contraste de sentimento de um pai ao ter um menino ou uma menina. O menino recebe vestes bem tecidas, um cetro de jade para brincar, seu choro é cheio de energia e ele será "senhor e rei da casa e do lar". A menina é posta no chão, vestida com farrapos, recebe um fuso para brincar (referência ao trabalho têxtil feminino) e "Para ela, nenhuma condecoração, nenhum emblema; / Sua única preocupação, o vinho e comida, / E como não dar trabalho para pai e mãe".[27] Pode não ser culpa de Confúcio, mas o que foi insinuado desde cedo é que, para as famílias que os produzem, homens são honra e perpetuação de legado, e mulheres são um fardo. O infanticídio de meninas, embora desaprovado pelas elites chinesas, é uma prática que antecede a política do filho único em séculos.

CASO 2. No começo dos anos 1990, Earl Silverman, morador da cidade de Calgary, no Oeste do Canadá, se cansou de apanhar da esposa e saiu de casa. Mas não havia abrigo para pessoas como ele. Os abrigos existentes eram destinados exclusivamente a mulheres vítimas de violência doméstica. Para homens, o governo oferecia só serviços educativos de controle da raiva. Silverman comentou: "fui revitimado quando esses serviços me disseram que eu não era uma vítima, mas um perpetrador". Em 2010, ele abriu as portas de sua própria casa, que virou o primeiro e único abrigo privado do país para homens vítimas de violência doméstica. Três anos depois, as despesas do abrigo estavam muito pesadas para o fundador. No período, ele tentou encontrar verbas do governo, mas não conseguiu. "Quando fui à comunidade procurar por alguns serviços de apoio, não encontrei nenhum. Havia muitos para mulheres", explicou Silverman, que finalmente se viu forçado a fechar seu serviço em março de 2013. O prejuízo foi tamanho que ele precisou vender a casa. O novo dono logo achou um inquilino, para quem Silverman informou seus planos: ir para a casa de amigos em outras províncias. O comprador da casa, no dia 26 de abril, foi levar as chaves ao inquilino: "Eu disse que tentaria abrir a garagem, mas a porta já estava aberta. Foi quando eu o encontrei lá". Earl Silverman cometeu suicídio por enforcamento no local. Ele deixou uma carta de quatro páginas culpando o governo por se recusar a reconhecer homens vítimas de abuso doméstico.[28] A revista

Salon reagiu à tragédia afirmando que "o feminismo não foi a causa da morte de Silverman" e questionando as estatísticas de violência doméstica apresentadas pelo ativista.[29] A revista *Atlantic* noticiou que "o ativista dos direitos dos homens Earl Silverman deixa um legado de ataque às feministas" e sustentou que é "um mito" afirmar que homens são vítimas com a mesma frequência que mulheres.[30]

5. SOPA DE LETRINHAS: MINORIAS SEXUAIS E SUAS FOBIAS

QUANTO MAIOR A SIGLA, MENOR O ENTENDIMENTO

> *Ela diz que um dia, no citado mês de junho, entre onze da manhã e meio-dia, subiu as escadas para o quarto de seu patrão com a intenção de chamá-lo para o café da manhã, diz que, quando ela entrou, encontrou seu patrão (o citado Robert Fawcet) deitado nu sobre as costas de William Carpenter, falecido desde então (as cobertas não estavam sobre eles na hora) e (...) o citado Robert Fawcett saiu de cima do citado Carpenter e logo depois ela o viu limpar suas partes íntimas com sua camisa. (...) Ela crê em verdade que eles cometeram o pecado detestável da sodomia entre si, diz que, quando perguntou a seu patrão se ele não tinha vergonha de ser culpado de tal ação, ele respondeu que era uma dádiva infeliz que Deus lhe havia dado, e sem a qual ele não poderia viver.*
>
> — Depoimento de Mary Griffiths, funcionária da Taverna Globe em Londres, colhido pelo juiz de paz H. Fielding em 20 de abril de 1749.[1]

Encontrar o termo de Robert Fawcet para descrever a própria homossexualidade, em razão da qual foi preso na Inglaterra em 1748, "dádiva infeliz", surpreende por dois motivos. Primeiro, porque ainda é a experiência de muitos homossexuais, que sentem que receberam contra a sua vontade um presente não desejado, de Deus ou da natureza, que às vezes torna a sua vida mais difícil, mas ainda assim é uma inclinação quase irresistível — o que não é surpreendente para uma espécie que se reproduz sexualmente, mesmo que a direção da atração sexual seja, por si só, inesperada do ponto de vista reprodutivo.

Em segundo lugar, somado a outras evidências históricas, o caso derruba completamente uma das mais populares teorias da homossexualidade na academia: a do filósofo francês Michel Foucault. Com profunda desconfiança contra as ciências médicas (às vezes com razão), Foucault afirmava que a "sodomia" era uma prática, não uma identidade da pessoa, ao ser classificada como uma patologia pela medicina. "A homossexualidade apareceu como uma das formas da sexualidade quando foi transposta da prática da sodomia para um tipo de androginia superior, um hermafroditismo da alma. O sodomita tivera um relapso temporário; o homossexual era agora uma espécie", argumentou o filósofo, estabelecendo a data de 1870 para a criação da identidade gay, com base em um artigo de Carl Westphal que patologizou tal comportamento.[2]

O historiador da sexualidade Rictor Norton observa que hoje "essas passagens de Foucault são citadas por praticamente todos os teóricos sexuais",[3] que adotaram a opinião de que a sexualidade é "construção social" e aderiram à assim chamada "teoria *queer*". As aspas são porque o termo "teoria" soa exagerado, uma vez que não oferecem uma explicação suficientemente plausível das origens do fenômeno que se propõem a estudar, e porque o termo *"queer"*, até recentemente, era um termo pejorativo dirigido especificamente a homens gays nos Estados Unidos — é mencionado dessa forma por um personagem do famoso filme *O Segredo de Brokeback Mountain*. Uma vez que o dicionário de língua inglesa indica que o termo "queer" também significava "estranho", o termo foi apropriado por esses teóricos, pois a intenção subjacente dessa "teoria" parece ser a de promover o incomum e desafiar a tradição, em vez de buscar compreender a natureza humana. Dessa forma, trata-se de um ativismo puro, desvinculado do conhecimento autêntico.

Essa escola de pensamento, derivada da chamada "teoria crítica" e do pós-modernismo, rapidamente se transformou em um campo fechado e hermético, seguindo o modelo da escolástica medieval, em que os praticantes se limitavam a citar os trabalhos de seus pares e das suas "autoridades": Michel Foucault, Judith Butler, Jacques Lacan, Jacques Derrida, Gilles Deleuze e Félix Guattari.

Foucault foi além em suas reflexões. Não apenas a identidade gay teria sido construída pela patologização psiquiátrica da sodomia. Segundo Foucault: "A sexualidade é algo que nós mesmos criamos — é a nossa própria criação, e muito mais que a descoberta de um lado secreto do nosso desejo". Em outras palavras, ser gay, lésbica, bissexual ou transexual seriam construções sociais derivadas de uma atividade criativa de experimentação de novas formas de ser.

O equívoco de Foucault torna-se evidente não apenas pela história de Robert Fawcet, 122 anos antes da patologização, em cujo vocabulário, ao ser flagrado, há a sugestão de que a "dádiva infeliz" era algo que ele *era*, não apenas algo que ele *fazia*, mas também pela história do indígena no **Caso 3** (ver fim do capítulo), descrito pelo carrasco Karuatapirã de modo que sugere uma condição semelhante: o indígena executado com um tiro de canhão desejava ser mulher, não se sabe, contudo, se isso indicava uma atração sexual por homens ou uma possível identificação com o sexo oposto.

Causa espanto que Foucault afirme estar documentando uma história da sexualidade, considerando a ampla evidência histórica de que gays se percebiam como diferentes dos homens heterossexuais em seu íntimo, e não apenas em seus comportamentos, há séculos. Como revela Norton, no século XVIII, a Inglaterra contava com pelo menos 30 *molly houses*, estabelecimentos que se assemelham às atuais casas noturnas gays. "Molly" era um termo pejorativo utilizado na época para designar os gays, o que indica que até mesmo os observadores preconceituosos reconheciam algo distintivo neles.

Nesses estabelecimentos, os homossexuais se divertiam e até realizavam cerimônias de casamento gay. Um açougueiro chamado Thomas Coleman se casou com um imigrante francês chamado John Hyons numa *molly house* em 1728. A afeminação de muitos dos *mollies* era evidenciada com apelidos, o que remete às *drag queens* de hoje. O próprio Hyons era chamado de *Queen Hyons*. Uma canção atribuída a ele incluía o verso "Entre nós mesmos seremos livres". Outros apelidos, em tradução aproximada: Senhorita Gatinha, Princesa Seraphina, Sue Cochonilha, Maria Ervilha e Nelly Rechonchuda.

A preservação dessa história se deu, de forma irônica, em virtude da criminalização da sodomia, que vigorou na Inglaterra desde os tempos de Henrique VIII (1533) até o ano de 1967, ceifando vítimas ilustres como Oscar Wilde e Alan Turing. Um homem homossexual, surpreendido em flagrante em 1726, defendeu-se diante do policial ao evocar a doutrina liberal de John Locke: "Não há crime em fazer o uso que eu quiser do meu próprio corpo". Outro homem, surpreendido em 1718, recorreu a um argumento semelhante: "O que você tem com isso? Não posso fazer uso do meu próprio corpo? Não fiz nada que eu não vá fazer novamente".

Não é necessário, portanto, recorrer à biologia para evidenciar que o dogma acadêmico construtivista e contrário à medicina, frequentemente apresentado como a verdade absoluta nos estudos da sexualidade, é falacioso. Ainda assim, faremos uma breve incursão no campo da biologia para reforçar a mensagem.

HOMOSSEXUALIDADE: TODOS CONTRA "O GENE GAY"

Para perceber a influência natural presente na homossexualidade, não é necessário ser cientista ou dispor das ferramentas avançadas da genética. Um exemplo disso pode ser encontrado no diário do fazendeiro Matthew Tomlinson. Em 14 de janeiro de 1810, refletindo sobre a execução de um cirurgião naval acusado de sodomia, Tomlinson anotou:

> Parece um paradoxo para mim, como homens, que são homens, possuiriam tal paixão; e, mais particularmente, se esta é a sua natureza desde a infância (e sou informado que sim) — se eles sentem tal inclinação, e propensão, naquela fase da vida quando a juventude se engendra em virilidade, ela deve então ser considerada natural ou, de outra forma, um defeito na natureza. Parece cruel punir esse defeito com a morte.[4]

Não se trata apenas de uma pessoa comum especulando nessa direção; ele também relata que não era o único a pensar dessa forma ("sou informado que sim"). Ele não se decide, também considerando a possibilidade de que fosse uma escolha imoral em outro trecho de seu diário. Entretanto, mesmo em meio à indecisão, sua premissa se alinha com a de Immanuel Kant: "Dever implica poder". A imoralidade se aplica apenas ao que um indivíduo é capaz de fazer de maneira distinta; a moralidade, por sua vez, recai sobre aquilo que ele pode efetivamente realizar. Se um indivíduo não pode alterar a direção espontânea de sua atração sexual, então tal inclinação não pode ser declarada como algo errado ou tratada, por extensão, como crime.

A condição de fazendeiro de Tomlinson também é relevante. Criadores vêm observando comportamentos homossexuais em seus rebanhos há séculos. Cordeiros, em particular, apresentam-se como um modelo notável de estudo: aproximadamente 10% dos carneiros machos demonstram preferência por outros machos, mesmo quando estão na presença de fêmeas.[5] Essa preferência parece fixa, não muda ao longo da vida, e foi identificado um núcleo sexualmente dimórfico no cérebro das ovelhas que é maior nos carneiros que preferem fêmeas em comparação àqueles que apresentam preferência por machos.

Há inúmeras observações do comportamento homoerótico entre animais selvagens, variando de bonobos a botos cor-de-rosa. Entretanto, é relevante saber que parte dos relatos foi exagerada pelos ativistas para avançar a ideia falaciosa de que a natureza corresponde ao que é moral. Um relato de que os botos fazem sexo gay pelo espiráculo (buraco na cabeça pelo qual respiram), por exemplo, é baseado em um único artigo de 1994, e um dos coautores esclarece que não foi observada penetração completa. Demais profissionais nunca observaram comportamento similar.[6] Um relato de homossexualidade entre pinguins-de-adélia, redigido por um naturalista inglês, e mantido oculto por mais de um século, também descrevia masturbação, pedofilia, estupro e necrofilia. Evidentemente, não caberia qualquer censura moralista a um relato a respeito de animais amorais, mas a homossexualidade não foi o único aspecto chocante para as sensibilidades do início do século XX.[7] Os apelos à natureza tornaram-se mais frequentes no início dos anos 2010, quando o debate sobre o casamento gay intensificou-se no Ocidente.

Avançando para a década de 1990, encontramos manifestações públicas e nos trabalhos do geneticista Dean Hamer, uma das primeiras ocasiões em que a hipótese de homossexualidade como uma característica inata foi amplamente divulgada. Um estudo conduzido sob sua primeira autoria, analisando 40 pares de gêmeos, apontou uma correlação entre a homossexualidade e marcadores genéticos no braço longo do cromossomo X, herdado da mãe (região Xq28), concluindo que "há um nível de confiança estatística maior que 99% que ao menos um subtipo de orientação sexual masculina é geneticamente influenciado". A imprensa, ao tentar simplificar, acabou recorrendo a um vocabulário desprovido do cuidado presente nos termos de Tomlinson — como "propensão" e "inclinação", que permanecem adequados até os dias atuais —, e popularizou a expressão "gene gay", termo prontamente utilizado por críticos, como o pastor Silas Malafaia, que afirmou que "não existe gene gay" em uma infame entrevista televisiva em 2013, à qual respondi posteriormente por meio de vídeo.[8]

A afirmação de que "não existe o gene gay!" é tão verdadeira ou falsa quanto dizer "não existe o gene do reflexo patelar!". Além disso, Malafaia também apresentou uma falsa dicotomia entre comportamento e genética, ignorando que existe uma área inteira chamada genética comportamental. Os comportamentos são características vinculadas às células excitáveis, que são as fibras musculares e neurônios. No jargão genético, comportamentos são parte do fenótipo. Ao analisarmos brevemente o funcionamento de cada uma dessas células, é evidente que nada do que elas coordenam depende de um único gene. Genes não são feitiços do Harry Potter, que fazem tudo sozinhos. São segmentos de DNA que desempenham funções moleculares específicas, muitas das quais ainda estamos apenas começando a compreender.

A premissa de que múltiplos genes estão envolvidos aplica-se tanto a sentimentos de atração sexual — manifestados ou não — quanto aos pequenos chutes involuntários desencadeados quando um médico atinge a rótula com ângulo e força específicos. Assim, as afirmações de inexistência do gene disso ou daquilo, portanto, são verdadeiras se estiver implícito que estão falando de um gene só, mas falsas se as tomarmos como alegações de inexistência de uma base genética para esses comportamentos, que sempre envolve muitos genes.

Após duas décadas de críticas, Hamer finalmente viu sua tese confirmada: a associação com a região Xq28 foi corroborada por um estudo que analisou todo o genoma em 2014.[9] O estudo também identificou outra região relevante no genoma humano: a parte central do cromossomo 8, lembrando que possuímos 23 pares de cromossomos. É relevante destacar que, frequentemente, cada gene possui influência sobre múltiplas características.

Outro marco significativo na pesquisa foi um estudo abrangente de todo o genoma, realizado em 2019, com uma amostra de mais de 470 mil pessoas. O estudo reforçou a base genética: "Diversos *loci* [posições de genes nos cromossomos] influenciam o comportamento sexual direcionado ao mesmo sexo em ambos os sexos".[10] Entretanto, a variação genética respondia por, no máximo, 25% da variabilidade na orientação sexual. Cinco genes encontrados com sinal estatístico mais robusto explicavam apenas 1% dessa variabilidade. Esses resultados indicavam a dificuldade de prever a orientação sexual de um indivíduo com base em seu genoma.

Uma limitação importante do estudo deve ser destacada. Não foram utilizadas medidas objetivas para avaliar a atração sexual espontânea que os participantes manifestam por um sexo ou outro. Há técnicas específicas para tal mensuração, como a pletismografia (mensuração da turgidez do pênis em homens e da umidificação da vagina em mulheres, além de dilatação da pupila, em resposta a estímulos visuais). A aferição da orientação sexual baseou-se exclusivamente em entrevistas, classificando os participantes entre aqueles que relataram nunca ter tido relações sexuais com pessoas do mesmo sexo e aqueles que declararam ter tido tais experiências ao menos uma vez. Essa abordagem turva o sinal do fenômeno analisado: em alguns casos, a experiência com o mesmo sexo ocorre não em decorrência de uma atração espontânea, mas por uma personalidade mais aberta a novas experiências, ou por terem se encontrado em circunstâncias específicas que as levaram a tais interações, como ilustrado em obras de ficção ambientadas em prisões.

Essa questão é de extrema relevância, pois toca na essência do conceito de "orientação sexual": trata-se de um comportamento habitual, conforme sugerido por Foucault, ou um padrão espontâneo de interesse erótico e romântico por um ou ambos os sexos, como defende Norton? O fato de que traços de personalidade possuem uma base genética sólida sugere que a primeira definição tende a gerar mais confusão. A comunicação pública em torno do estudo teve como objetivo minimizar a relevância da base genética, e centrou-se em desmentir a ideia equivocada de um "gene gay" singular, possivelmente para evitar associações indesejadas com a concepção de "cura gay". Um dos autores do estudo, Fah Sathirapongsasuti, ele próprio gay, explicitou a mensagem política que ele gostaria que fosse extraída do estudo: "A pesquisa deve sustentar a posição de que a ideia de 'cura gay' não deve ser desenvolvida, pois não atende aos interesses de ninguém".[11] Entretanto, é provável que países como Irã, Arábia Saudita, China e Uganda discordem dessa posição. Se estão errados nisso, é uma questão moral e política, e não científica.

POR QUE A HOMOSSEXUALIDADE EXISTE?

Considerando que a reprodução é fundamental para a continuidade da vida, a homossexualidade pode parecer contraditória do ponto de vista evolutivo e, por isso, merece análise mais aprofundada. A genética já estabeleceu, há mais de um século, que características minoritárias podem permanecer estáveis em uma população devido à dinâmica probabilística das leis de Mendel. Por exemplo, olhos azuis não desaparecerão simplesmente por estarem presentes em uma fração menor da população.

Quando uma característica aparenta reduzir a capacidade reprodutiva, o que isso significa é que, à primeira vista, ela deveria sumir por força da seleção natural. Se a característica persiste, existem duas abordagens principais para explicar esse fenômeno. A primeira abordagem sugere que, apesar da aparência inicial, a característica não representa um impacto significativo na capacidade reprodutiva e na sobrevivência. A segunda abordagem propõe que a característica, além de não prejudicar a continuidade das linhagens, traz benefícios adaptativos, sendo, portanto, uma adaptação favorecida pela seleção natural. Essas abordagens podem ser categorizadas como "hipóteses neutras" e "hipóteses adaptativas", respectivamente.

Embora as hipóteses neutras não atraiam tanta atenção, elas têm grande importância, especialmente após os avanços da biologia molecular na compreensão dos mecanismos das mutações (alterações nos blocos estruturais do DNA). A maior parte das mutações não afeta de maneira significativa o funcionamento do organismo ou a sua capacidade reprodutiva. Apenas uma fração menor das mutações tem impacto negativo, enquanto uma fração ainda menor confere vantagens adaptativas. Essas variações moleculares se manifestam em características fenotípicas.

Algumas características podem ter surgido por acaso: por que, por exemplo, nosso sangue é vermelho e não azul? A hemoglobina vermelha presente no nosso sangue não é a única estratégia evolutiva para o transporte de oxigênio. A hemocianina azul, presente em muitos moluscos e artrópodes, desempenha essa função de modo igualmente eficiente. A cor vermelha do nosso sangue não constitui, por si só, uma adaptação, mas sim um produto do acaso, uma "decisão" evolutiva que ocorreu nos estágios iniciais da nossa linhagem. Por que a cidade de Cândido Godói, no Rio Grande do Sul, é a campeã do mundo em número de gêmeos nascidos? Isso ocorre porque, por acaso, os imigrantes que fundaram a cidade possuíam alterações genéticas que elevavam a probabilidade de nascimentos múltiplos.[12]

Nas elegantes catedrais medievais da Europa, existem espaços formados entre os arcos ricamente ornamentados. Esses espaços, denominados "tímpanos", não constituem exatamente partes deliberadas dos projetos dos arquitetos, mas sim subprodutos das demais estruturas arquitetônicas. Um famoso artigo de biologia evolutiva sugere que certas características do nosso organismo podem ser comparadas a tímpanos (*spandrels*), como o exemplo do nosso queixo, uma peculiaridade exclusivamente humana (diferente do tímpano do ouvido, que possui uma função específica na sobrevivência). Outros estudiosos sugerem que o desenvolvimento do queixo pode ser um resultado da seleção sexual, uma vez que rostos com queixos que se desviam significativamente da média são percebidos como menos atraentes.

Independentemente do contexto, o debate é essencial e os biólogos não podem simplesmente declarar que alguma característica corresponde a uma adaptação, isto é, um fruto da seleção natural, sem levar em conta as hipóteses neutras. Comportamentos sexuais minoritários podem, portanto, ser apenas isto: um fenômeno neutro, que não interfere na "perpetuação da espécie", visto que não há uma "consciência coletiva" da espécie, apenas os genes, com sua incessante tendência a se replicarem.

A nossa espécie é agora uma das mais bem-sucedidas em ocupar o planeta. Nós rivalizamos com as formigas na quantidade de massa de carbono que ocupa corpos humanos. Em grandes números de populações, as raridades afloram. Até mesmo variações raríssimas, como a transexualidade, afloram em minorias substanciais quando há bilhões de pessoas no mundo. Quando uma espécie é bem-sucedida, vê-se com mais clareza as extremidades da sua distribuição de tipos, comportamentos, formas, especialmente as neutras.

Podem ser consideradas duas hipóteses adaptativas que foram previamente sugeridas para explicar a homossexualidade. A primeira delas fundamenta-se na aptidão inclusiva, também conhecida como seleção de parentesco: a presença de indivíduos homossexuais pode ser vantajosa para as linhagens familiares, uma vez que tendem a desempenhar um papel de apoio, auxiliando no cuidado e na proteção das crianças. As crianças que recebem cuidados adicionais possuem maiores chances de sobreviver, alcançar a maturidade e, assim, perpetuar as linhagens.

Embora existam evidências limitadas que sustentem essa hipótese, é prematuro considerá-la conclusiva.

A aptidão inclusiva representa a melhor explicação para a existência das formigas e abelhas operárias: elas são estéreis e apenas rainhas e zangões são responsáveis pela reprodução. As operárias não apenas não geram descendentes, encerrando a continuidade de suas próprias linhagens, como também frequentemente dedicam suas vidas a atos de sacrifício extremo em prol de suas colônias. Em uma espécie de formiga, há um tipo de operária cujo trabalho vitalício é armazenar em seu abdômen um néctar nutritivo e servir de fonte de alimento para suas irmãs. Em outra espécie encontrada na Amazônia, a resposta das formigas ao perceberem um foco de fogo é se lançar nas chamas, atuando como verdadeiras bombeiras altruístas, para evitar que o incêndio se propague e ameace a colônia. Esse comportamento aparentemente extremo torna-se compreensível quando analisado do ponto de vista dos genes: ao sacrificarem suas vidas, as operárias preservam as cópias de seus genes presentes nas irmãs sobreviventes. No organismo humano, inúmeras células estão se sacrificando diariamente a favor da continuidade das outras. A lógica é essencialmente a mesma. Uma colmeia ou um formigueiro funcionam como um "superorganismo". Enquanto irmãos humanos compartilham aproximadamente 50% de seu material genético, as irmãs entre formigas e abelhas apresentam uma similaridade de 75%, em virtude de seu particular sistema de determinação sexual. Assim, os genes não sofrem perdas significativas com o sacrifício de um indivíduo em benefício dos demais. Sob a perspectiva reprodutiva, a homossexualidade pode ser interpretada como um sacrifício da continuidade genética no indivíduo em prol do benefício de seus parentes.

Uma segunda hipótese sugere a presença de uma seleção sexualmente antagônica na base genética da homossexualidade masculina:[13] embora homens e mulheres sejam parceiros reprodutivos, sob a perspectiva genética, pode haver uma competição para determinar qual conjunto de genes terá maior sucesso em se perpetuar na próxima geração. Os mesmos genes que predispõem homens à homossexualidade poderiam, em contrapartida, aumentar a fertilidade de filhas heterossexuais. Esses genes poderiam ser caracterizados como "genes que gostam de homem": independentemente do sexo do indivíduo que os possui, esses genes aumentam a probabilidade de desenvolvimento de atração sexual por homens.

Independentemente de qual seja a explicação genética para as minorias sexuais, as diferentes hipóteses não se excluem necessariamente. É possível que mais de uma dessas hipóteses seja válida simultaneamente, visto que há um grande número de genes envolvidos nessa base genética, sendo que cada um pode influenciar múltiplas características.

Embora a biologia não seja a explicação completa, considerando a relevância de qualquer comportamento relacionado à reprodução, ainda que de maneira indireta, acredito ser altamente improvável que não desempenhe um papel significativo na explicação. Existe uma interação entre fatores biológicos e ambientais, enquanto a influência social é menor.

Embora aparentem ser inimigos mortais, tanto o progressismo identitário quanto o tradicionalismo radical compartilham a mesma motivação: minimizar ou negar as bases biológicas da homossexualidade. Os primeiros defendem a ideia de que a homossexualidade é uma "construção social", pois uma natureza humana moldável sustenta suas aspirações de engenharia social rumo a utopias igualitárias. Os últimos compreendem intuitivamente o princípio kantiano de que "o dever implica poder" e sabem que sua credibilidade para sustentar as condenações presentes em seus textos sagrados será abalada caso se prove que, na realidade, as pessoas possuem pouco ou nenhum controle sobre suas inclinações sexuais espontâneas.

No entanto, a pesquisa avança, e produzirá resultados mais robustos à medida que forem aplicados métodos mais precisos e objetivos de avaliar a orientação sexual. Um aspecto essencial a ser compreendido é que, quando os cientistas calculam a porcentagem de um comportamento atribuível aos genes, o percentual restante é atribuído a uma variável enigmática denominada "ambiente". O que é esse "ambiente"? Na prática, inclui uma gama de fatores biológicos, como o ambiente hormonal em que o feto se desenvolve, a presença de hormônios sexuais no útero, a nutrição materna, e até mesmo influências sociais e culturais. É um emaranhado inimaginável de possíveis influências causais.

Ao mencionar termos como "associação" e "correlação", o objetivo é indicar que dois fenômenos "andam juntos", ou seja, coocorrem e apresentam um relacionamento em que ambos aumentam ou diminuem em frequência simultaneamente, ou em que a variação de um ocorre de maneira oposta à variação do outro. Embora atualmente seja amplamente difundido o dito de que "correlação não implica causalidade", é importante ressaltar que a correlação, em muitos casos, é um pré-requisito para estabelecer uma relação causal. Portanto, é altamente improvável que a base genética identificada para a homossexualidade não possua qualquer conexão com os fatores causais subjacentes a essa orientação sexual. Se compreendemos os princípios da evolução, podemos apostar na heurística de que a seleção natural dificilmente negligenciaria mecanismos neurais envolvidos na detecção de parceiros sexuais.

Atualmente, é sabido que a base genética identificada até o momento para a homossexualidade está associada a comportamentos de risco e ao número de parceiros sexuais.

TRANSEXUALIDADE: O MAIOR CAMPO DE BATALHA POLÍTICA IDENTITÁRIA

Em 1989, o médico psiquiatra Domenico Di Ceglie fundou, no Reino Unido, o Serviço de Desenvolvimento de Identidade de Gênero (GIDS), que ao longo do tempo se estabeleceu na conhecida Clínica Tavistock. Seu objetivo era auxiliar crianças que apresentavam uma rejeição ao sexo biológico de seu próprio corpo e expressavam o desejo de serem transformadas em pessoas do outro sexo. O termo "disforia de gênero" (ou "incongruência de gênero", para a OMS) veio a ser aplicado para esse transtorno. Prefiro utilizar o termo "disforia de sexo" em vez de "disforia de gênero", pelas razões abordadas no capítulo anterior.

O método terapêutico desenvolvido pelo médico ítalo-britânico concentrava-se predominantemente na terapia psicológica. Os casos que ele tratava eram raros e pouco frequentes. Uma de suas pacientes era uma menina com grande interesse por esportes, que relatava acreditar que suas pernas não eram "pernas de menina", o que a fazia desejar ser um menino. Di Ceglie explicou que existem várias maneiras de ser menina e que é perfeitamente normal meninas terem pernas fortes. Ellie, atualmente uma mulher adulta, abandonou o desejo de ser menino e se identifica como uma mulher lésbica saudável.

Entretanto, mesmo dentro desse grupo restrito, Ellie era mais rara ainda. Desde que a documentação desses casos foi iniciada, especialmente nos Países Baixos, pioneiros no assunto, a maioria das pessoas com disforia de sexo, independentemente da idade, apresentava sexo cromossômico masculino. Para os biólogos, isso não é uma surpresa significativa: a hipótese da "maior variação masculina" sugere que é mais provável que alguns indivíduos do sexo masculino se afastem consideravelmente da média de seu sexo em características comportamentais e cognitivas, resultando em indivíduos que não se alinham completamente às expectativas típicas de masculinidade. Essa variação é ainda mais evidente no sucesso reprodutivo dos homens: há mais machos nas pontas da variação, com zero filho ou com dezoito filhos, do que fêmeas. A validade dessa hipótese é confirmada por medições de variação em diferentes características biológicas e comportamentais. O mesmo padrão se observa na população homossexual, com a prevalência de homens gays sendo maior que a de mulheres lésbicas. Uma explicação para a menor variação entre as mulheres é a relativa estabilidade dos parâmetros biológicos necessários para garantir uma gestação bem-sucedida: uma estratégia evolutiva eficiente raramente necessita de ajustes radicais. A maior variação masculina merece muito mais estudo, mas é um padrão difícil de contestar.

Neste contexto, surge a hipótese do "corpo errado" que se tornou parte do arsenal identitário. Qualquer observador atento percebe que há uma variação considerável entre homens gays quanto ao grau de expressividade feminina em seus comportamentos. Esse é um tema ainda pouco explorado cientificamente, abrangendo desde variações em características linguísticas e no timbre de voz até preferências específicas em termos de práticas sexuais. Se existe tanta variação entre homens gays, é evidente que é entre eles que poderemos especular que pode acontecer em alguns casos específicos, espontaneamente, uma "afeminação extrema" que poderia explicar a disforia de sexo. Essas pessoas seriam, então, "mulheres presas em corpo de homem".

Quando uma criança expressa um desejo persistente de ser do sexo oposto, a oposição dos pais ou dos profissionais de saúde a qualquer tentativa de ajustar o suposto "corpo errado" é interpretada como "transfobia" pelos identitários, caracterizada como uma adesão rígida a normas de gênero consideradas construções sociais. A abordagem sugerida é escutar a criança, validar suas afirmações e propor um "tratamento afirmativo de gênero", que se inicia com a mudança de nome e pronomes, progredindo até intervenções hormonais e cirúrgicas. Dado que o identitarismo é uma ideologia política que enfatiza a fundação moral de cuidado/dano, essa postura é coerente com seus princípios.

A hipótese do "corpo errado" apresenta uma série de problemas consideráveis. O primeiro problema é que ela não corresponde ao conhecimento atual a respeito das diferentes categorias de transexuais.

HOMOSSEXUAIS "NO CORPO ERRADO", HETEROSSEXUAIS "NO CORPO CERTO": A TIPOLOGIA DE BLANCHARD

Alguns estudos sugerem que o cérebro dos transexuais apresenta características mais semelhantes às do sexo para o qual desejam transicionar do que ao sexo cromossômico ao qual pertencem. São alguns núcleos do hipotálamo,[14] uma região do cérebro, que parecem mostrar essa diferença mesmo antes de os transexuais começarem uma intervenção hormonal. Esses estudos utilizam amostras muito reduzidas, o que torna as conclusões incertas e suscetíveis de serem refutadas. Por outro lado, há pesquisas que apontam que os transexuais apresentam características cerebrais típicas de seu sexo cromossômico — também com amostras reduzidas, o que perpetua o padrão de gerar mais questionamentos do que respostas definitivas.[15]

A realização desse tipo de estudo se torna mais complexa quando se ignora um fenômeno já observado pela transexual Kay Brown, que, na década de 1970, buscou tratamento para sua própria disforia na Clínica de Disforia de Gênero de Stanford. Conforme relatado por Kay: "Aos 18 anos, conheci outras transexuais pela primeira vez, na clínica. O que eu encontrei lá me surpreendeu". Sua surpresa foi constatar que muitas não apresentavam uma feminilidade natural, mas eram "homens com comportamentos altamente masculinos que desejavam ser femininos e se empenhavam intensamente para projetar essa imagem". A maioria era significativamente mais velha e trajava vestimentas que não se adequavam ao horário e contexto, usando vestidos de festa em plena manhã de sábado.

Um aspecto surpreendente para Kay foi que "muitas dessas transexuais haviam sido, ou ainda eram, casadas e mantinham uma vida sexual satisfatória com mulheres por anos". Durante os intervalos na clínica, essas transexuais costumavam cercar Kay, que sempre se relacionou com homens, e faziam comentários "sobre minha aparência, minha idade e até sobre meu corpo, de maneira claramente lasciva e simultaneamente marcada por inveja".[16] Posteriormente, fora da clínica, Kay encontrou outras transexuais com características semelhantes às suas: possuíam sexo cromossomal masculino, mas "aparentavam, soavam e se comportavam como meninas" de maneira natural e, o que é importante, todas demonstravam interesse em namorar rapazes.

A observação intrigante de Kay — uma inventora e pilota de grande inteligência — foi corroborada por estudos realizados ao longo dos anos. O precursor desse campo de estudo foi o sexólogo Ray Blanchard. Embora não excluísse a possibilidade de existirem outros tipos de transexualidade, Blanchard categorizou a condição em dois grupos principais: **transexuais homossexuais e autoginéfilas**.

Kay e suas jovens amigas dos anos 1970, fora da clínica, pertencem ao primeiro tipo, que manifesta disforia de sexo desde cedo e nunca apresentaram comportamento típico de meninos, além de não demonstrarem interesse sexual ou romântico por mulheres. Caso a hipótese do "corpo errado" se aplique a algum grupo, seria a elas. Entretanto, é relevante destacar que nem todas têm o desejo de realizar intervenções como a vaginoplastia (procedimento cirúrgico que tenta criar uma vulva e um canal vaginal a partir do pênis). Blaire White, uma transexual homossexual de orientação conservadora e uma voz crítica ao identitarismo nas redes sociais, declara abertamente que não tem interesse nesse tipo de cirurgia, indicando que o conceito de "corpo errado" pode ser uma simplificação que leva algumas pessoas a optarem por cirurgias desnecessárias. É importante esclarecer que, ao designá-las como "homossexuais", estamos nos referindo ao sexo cromossômico masculino, que corresponde ao mesmo sexo fenótipo do alvo de sua atração sexual. O sexo fenotípico e comportamental dessas transexuais geralmente não se alinhava ao padrão típico masculino, mesmo antes da transição hormonal.

A **autoginefilia** apresenta uma complexidade maior e mais intrigante. Essa condição desafia diretamente o conceito de "identidade de gênero", presente no vocabulário consagrado tanto pelo identitarismo quanto por uma ampla parcela de profissionais de saúde que lidam com esse tema. Porque é uma questão de atração sexual. Geralmente, as pessoas autoginéfilas foram meninos que não apresentavam qualquer sinal de atipicidade para o próprio sexo cromossomal. Diversas iniciam a transição para o fenótipo feminino apenas na fase sexagenária, estando frequentemente em casamentos com mulheres com as quais geraram filhos. Durante a puberdade, ainda na adolescência, descobrem que sentem excitação sexual ao vestir itens do vestuário feminino, e além disso: demonstram atração por mulheres (do ponto de vista do sexo cromossomal, são heterossexuais). A razão para o desejo de se transformarem em mulheres é mais bem compreendida se visualizarmos a atração sexual como uma seta que parte do indivíduo e se direciona ao alvo da atração. Neste caso, a seta se curva e retorna à sua origem, representando *uma excitação por si mesma ao adotar a aparência ou identidade feminina.*

Reconheço que essa ideia pode parecer esquisita em um primeiro momento. No entanto, é fundamental considerar a questão da maior variação observada no sexo masculino. Indivíduos com sexo cromossômico masculino, tanto em nossa espécie quanto em outras, tendem a manifestar preferências sexuais raras com maior frequência do que os indivíduos de sexo cromossômico feminino. O fenômeno observado na orientação heterossexual no contexto da autoginefilia é denominado "inversão de identidade de alvo erótico". Esse fenômeno não é exclusivo das autoginéfilas: para qualquer alvo erótico pelo qual os homens sentem atração, existe um subconjunto de indivíduos que desenvolvem uma "internalização" dessa atração, passando a desejar ser aquilo que os atrai. O sexólogo J. Michael Bailey revelou que 62% das pessoas atraídas por amputados experimentam excitação sexual ao imaginarem-se com membros amputados; 44% dos zoófilos relatam excitação ao se imaginarem como animais, e 38% dos que preferem parceiros com obesidade mórbida se excitam com a ideia de se tornarem obesos.[17] Adicionalmente, essas inversões de identidade de alvo erótico apresentaram uma correlação moderada com a autoginefilia, que é, de longe, a forma mais comum dessa inversão. Embora o estudo não tenha especificado que os participantes deveriam ser do sexo masculino, 85% deles eram homens, o que corrobora a hipótese de que esse fenômeno está relacionado à maior variação observada no sexo masculino.

Caitlyn Jenner, anteriormente identificada como o medalhista olímpico Bruce Jenner, é um exemplo clássico de autoginefilia. De maneira similar, a economista liberal Deirdre McCloskey, que anteriormente era conhecida como Donald McCloskey, também se enquadra nessa tipologia. Esse contexto já apresenta um conflito com os princípios do identitarismo: os defensores dessa ideologia tendem a adotar uma postura de aceitar as alegações das pessoas a respeito de suas próprias identidades, especialmente quando utilizam a fundação moral de cuidado/dano como justificativa. No entanto, o estudo científico da transexualidade requer uma abordagem mais cética em relação às alegações das transexuais sobre sua própria identidade. McCloskey expressa claramente sua aversão ao sexólogo J. Michael Bailey por ele ter escrito um livro que popularizou a tipologia desenvolvida por Blanchard. Entretanto, em sua autobiografia publicada em 1999, McCloskey mencionou que possuía uma "fantasia de completa transformação".[18] Essa experiência não corresponde à vivência das transexuais homossexuais, que tendem a apresentar feminilidade desde a infância e não manifestam atração por mulheres ou por si mesmas ao tentarem se identificar como tal. Portanto, tratar ambos os grupos como se fossem idênticos e classificá-los apenas como "transexuais" não é uma abordagem adequada. No caso das autoginéfilas, o corpo transformado é percebido como o corpo correto, não por representar uma identidade interna que sempre existiu, mas sim por satisfazer seus interesses de natureza erótica.

Devido aos seus interesses tipicamente masculinos e à idade mais avançada ao fazer a transição hormonal, as autoginéfilas frequentemente possuem maior influência e poder social e, quando negam a natureza erótica de sua própria identidade, tendem a utilizar essa influência de maneira questionável para suprimir pesquisas e prejudicar a reputação de estudiosos. Essa postura resulta no atraso do progresso científico sobre a compreensão da transexualidade. Existem, entretanto, honrosas exceções, como a autodeclarada autoginéfila Anne Lawrence, que produziu o melhor livro acadêmico a respeito do fenômeno.[19] No entanto, no estudo mais recente acerca do cérebro das pessoas transexuais, que concluiu que "indivíduos transgêneros parecem exibir um fenótipo cerebral singular", a distinção entre os dois grupos inexplicavelmente não é abordada de maneira adequada.[20] Não há grande expectativa de que as autoginéfilas apresentem semelhanças cerebrais com as mulheres, especialmente antes de iniciarem o tratamento hormonal feminino, contudo, essa expectativa já foi sugerida e corroborada por evidências limitadas em relação às transexuais homossexuais.

Em resumo, existem indivíduos influentes que buscam restringir o avanço da ciência da transexualidade, rejeitando, por razões de ordem psicológica ou ideológica, a hipótese mais bem fundamentada sobre os diferentes tipos de transexuais atualmente disponível. Contudo, a resistência à ciência agravou-se com o surgimento de um fenômeno recente que complicou ainda mais nosso entendimento: o contágio social relacionado à autoidentificação GLBT.

CONTÁGIO SOCIAL DE AUTOIDENTIFICAÇÃO GLBT

Retornemos ao caso de Ellie, uma paciente antiga do Serviço de Desenvolvimento de Identidade de Gênero, também conhecido como a Clínica Tavistock. Naquele período, Ellie, uma menina que desejava ser menino, representava uma ocorrência rara. Hoje, essa realidade mudou. Durante a década de 2010, o padrão predominante referente ao sexo mais frequentemente identificado como desejoso de mudança *inverteu-se* de forma drástica. Subitamente, um número crescente de meninas e moças passou a compor a maioria dos casos de disforia de gênero em comparação aos meninos e rapazes. Em 2017, para cada adolescente do sexo masculino que buscava os serviços de identidade de gênero, havia 4,1 meninas na Dinamarca, 7,1 na Finlândia, 1,7 na Noruega, 3,2 na Suécia e 2,5 no Reino Unido.[21] Esses números, por si sós, sugerem um fenômeno novo.

Historicamente, a própria transexualidade era um fenômeno raro: na Holanda, o número de casos graves de disforia de sexo não ultrapassava um registro anual durante meados dos anos 1990. Atualmente, esse número subiu para 100 casos anuais.[22] A incidência de disforia de gênero aumentou de uma média de 1,5 caso a cada cem mil habitantes na Escandinávia e no Reino Unido em 2011 para mais de 15 por cem mil em 2017, representando um aumento de dez vezes em apenas seis anos.

As meninas sempre constituíram o grupo mais suscetível ao contágio social — uma versão mais séria de um "fenômeno de moda", que não implica que aquilo que está sendo propagado seja, necessariamente, uma patologia. Esse padrão tornou-se evidente em casos como o da bulimia e da anorexia. Mais recentemente, esse fenômeno também se manifestou no contágio social de tiques semelhantes aos da síndrome de Tourette — condição que provoca, em alguns casos, xingamentos involuntários —, disseminado por meio do aplicativo de vídeos curtos TikTok. Essa condição oferece um modelo ideal para se discutir o contágio social relacionado à autoidentificação trans em particular, e à autoidentificação GLBT de modo geral. A forma genuína da síndrome afeta 1% dos meninos, enquanto a prevalência entre meninas é de apenas 0,25%. Por outro lado, os tiques que imitam os sintomas da síndrome, propagados pelo TikTok, foram observados predominantemente entre meninas.[23]

É possível que isso seja resultado da vantagem biológica feminina na empatia: as mulheres possuem uma propensão genética superior para interpretar as emoções refletidas nas expressões faciais das pessoas e para experimentar com maior intensidade o que os outros sentem, em comparação aos homens. Além disso, o padrão da direção da transição de sexo sofreu uma inversão nas clínicas "especializadas" em "identidade de gênero": na Escandinávia, Estados Unidos e Reino Unido, o número de meninas dizendo que queriam ser meninos registrou um crescimento abrupto.

Como veremos adiante, há uma resistência dentro da comunidade científica em aceitar que já presenciamos um contágio social entre jovens autodeclarados GLBT. Entretanto, não faltam evidências que sustentem essa hipótese. Na minha percepção, o primeiro indício forte desse fenômeno foi revelado em uma pesquisa que indicou um aumento expressivo no número de jovens americanos que se dizem GLBT, passando de 10,5% em 2017 para 21% em 2022.[24] Quando o governante ditador de Uganda desafiou os Estados Unidos a comprovarem que a homossexualidade é um fenômeno natural, os americanos responderam de duas maneiras: primeiro, por meio de uma carta aberta assinada por vários especialistas; e segundo, com uma extensa revisão publicada em 2016, que estimou de maneira conservadora que o número natural de pessoas GLBT em uma população seria de, no máximo, 5%.[25]

Em seguida, a análise realizada pelo cientista político Eric Kauffman trouxe uma confirmação relevante.[26] Kauffman verificou que aproximadamente 20% dos jovens americanos se identificam como GLBT. O principal vetor desse fenômeno é observado nas moças: 12% se dizem bissexuais, 5% se dizem lésbicas. No entanto, quase 60% das autodeclaradas lésbicas ou bissexuais apenas tiveram homens como parceiros sexuais nos 12 meses anteriores à pesquisa. Entre os rapazes gays ou bissexuais, 38% mantiveram relações sexuais exclusivamente com mulheres no ano anterior. Uma década antes, essa proporção era de apenas 20%. Esse aumento é inconsistente com a hipótese de que cada vez mais jovens estão se afirmando GLBT apenas porque estão "saindo do armário". Existe uma dissociação entre autoidentificação e comportamento sexual na prática, logo, há um contágio social especificamente nas autodeclarações como pertencentes a minorias sexuais, não um contágio social de sentimentos espontâneos de atração sexual.

Outra evidência de que o fenômeno possui características artificiais é que o contágio social ocorreu predominantemente conforme a ideologia política dos jovens. Entre os estudantes universitários, 49% dos que se identificam como "muito progressistas" se autodeclaram GLBT, já entre aqueles que se consideram "muito conservadores", a porcentagem corresponde ao limite superior de incidência natural mencionado anteriormente: 5%.

A divergência entre autodeclaração e comportamento não implica que esses jovens estejam sendo desonestos, não de uma forma consciente. A correlação com ideologia política sugere que estão manifestando as várias formas de autoengano conforme discutido no capítulo 3. Declarar-se como parte de uma minoria sexual é um meio de utilizar a autodeclaração para se dissociar dos grupos que o identitarismo rotulou como "opressores" e também uma estratégia para sinalizar lealdade à sua própria tribo, que é obcecada com a defesa dos chamados "oprimidos".

O fenômeno de contágio social relacionado às autodeclarações afetou igualmente os transexuais. Um jovem identificado como "transgênero" observado em consulta pelo jornal *Los Angeles Times* mencionou que seu gênero possui "múltiplas dimensões" e que tem um amigo que se identifica com as "vibrações caóticas de um guaxinim na caçamba de lixo". Sites de referência na internet elaboram extensas listas de "identidades de gênero" como "gênero praia" e "gênero fofo", cada uma com sua própria bandeira, numa mistura de misticismo de gênero com teste de personalidade típicos de revistas. A ênfase no conceito de "gênero" em detrimento de "sexo" é acompanhada por um paradoxal desejo desses jovens de iniciar tratamentos hormonais sexuais, contradizendo assim a própria distinção que defendem entre sexo e gênero.

Em 2023, a questão finalmente apareceu na Parada do Orgulho GLBT de São Paulo: "Crianças trans existem!", declararam tanto ativistas quanto colunistas de jornais que apoiam o movimento. Os apoiadores frequentemente desconhecem a distinção entre o movimento GLBT clássico, centrado nas liberdades individuais, e o identitarismo, marcado por pressupostos pós-modernos e construções sociais.

JAMAIS CHAME CRIANÇAS DISFÓRICAS DE "CRIANÇAS TRANS"

Universidades e até mesmo revistas científicas estão relutantes em publicar estudos que contradigam a narrativa identitária de que as "criança trans" são oprimidas por adultos "transfóbicos" por quererem corrigir seu "corpo inadequado", e que somente seriam salvas por ativistas identitários oferecendo o chamado "tratamento afirmativo de gênero". Cada aspecto dessa interpretação identitária sobre transexualidade está errado, no campo dos fatos e no âmbito ético.

Rotular uma criança como "trans" equivale a prever (e possivelmente incentivar) a persistência da disforia, levando à transição para o outro sexo. Essa é uma expectativa que entra em contradição com as evidências disponíveis. O estudo mais longo que acompanhou crianças disfóricas foi liderado pelo terapeuta canadense Kenneth Zucker: foram 139 meninos que queriam ser meninas acompanhados por uma média de 13 anos. Quase 90% apresentaram remissão espontânea da disforia, ou seja, não mais manifestaram o desejo de transição. Ao atingirem a fase adulta, 64% se revelaram gays ou bissexuais. Assim, a terapia afirmativa pode ser interpretada como uma forma de "cura gay", similar ao que ocorre na teocracia iraniana, na qual as únicas opções para homens gays, além de ocultar sua orientação, são a pena de morte ou a transição para se tornarem mulheres trans. Um terço dos meninos disfóricos no estudo mais tarde identificaram-se heterossexuais. Entre os que mantiveram a disforia e realizaram a transição para mulheres trans, 94,1% identificaram-se como transexuais homossexuais, corroborando a hipótese de que esse é o tipo de disforia mais comum na infância, diferindo da disforia associada à autoginefilia.

Embora a amostra seja pequena, mais de uma dúzia de estudos, juntamente com a avaliação do Serviço Nacional de Saúde (NHS) britânico, indicam que a tendência geral se alinha ao que foi descrito anteriormente. A maior parte das crianças com disforia de gênero não mantém a identidade trans na fase adulta, sendo que a porcentagem dessa maioria varia de 60 a 90% nos estudos mais antigos[27] e de 77 a 94% de acordo com as estimativas mais recentes do NHS.[28] Ainda assim, esse fato tem sido sistematicamente ignorado pelo ativismo identitário.

Em relação aos pais, que frequentemente são acusados de intolerância preconceituosa caso não sigam o modelo de afirmação promovido pelo identitarismo das sexualidades, já existe um manual dedicado a orientá-los sobre a melhor forma de responder às demandas das crianças com disforia de gênero.[29] As três terapeutas autoras explicam que a terapia afirmativa tende a privilegiar um dos dois principais estilos parentais: o estilo permissivo, caracterizado por pais e mães que oferecem completa liberdade aos filhos e tendem a mimá-los. Esse estilo de criação pode acarretar uma série de problemas psicológicos para as crianças. O estilo oposto, caracterizado por pais que atuam como figuras de autoridade e estabelecem limites, foi frequentemente demonizado. É claro que essa abordagem também pode ser levada ao extremo. No entanto, um equilíbrio entre os dois estilos é preferível, em vez de partir do pressuposto de que a obsessão passageira dos adolescentes é definitiva e persistirá ao longo de toda a vida. O livro apresenta exemplos de casos de sucesso em que, após um a dois anos de resistência inicial dos pais, porém com abertura e um certo grau de liberdade para os filhos disfóricos experimentarem até pronomes neutros e mudanças de nomes entre os amigos (mas não dentro de casa, geralmente, exceto se for algum apelido que derive do nome original), observou-se uma remissão espontânea da disforia.

O conteúdo do livro se fundamenta em inovações recentes: a pesquisadora Lisa Littman, ao observar um número crescente de jovens, majoritariamente do sexo feminino, declarando ter disforia e solicitando intervenção médica imediata sem, no entanto, atenderem aos critérios diagnósticos tradicionais para disforia de sexo, propôs um terceiro tipo desse transtorno: a "disforia de início rápido".[30] Embora a nomenclatura não seja ideal, ela capturou um fenômeno real. Essas adolescentes apresentam forte engajamento nas redes sociais. Geralmente possuem alta inteligência, vencendo os pais em discussões utilizando uma enxurrada de jargões identitários e terminologias médicas, entretanto, apresentam um estado mental fragilizado, frequentemente convivendo com transtornos como depressão, ansiedade, transtorno do espectro autista e dismorfia corporal (rejeição ao próprio corpo), muitas vezes desenvolvidos após eventos traumáticos, como episódios de abuso sexual, e reinterpretam esses problemas como disforia, esperançosas de que a "panaceia trans" alivie seu sofrimento psicológico.

O que Littman ganhou por seu trabalho foi cancelamento. Sob pressão dos ativistas, foi realizada uma "correção" parcial e desnecessária em seu artigo original, e ela foi demitida da universidade onde atuava. Em colaboração com uma ativista representante dos pais de jovens diagnosticados com disforia de início rápido, o sexólogo J. Michael Bailey publicou em 2023 um estudo corroborando as conclusões de Littman em uma amostra com 1655 casos — 75% pertenciam ao sexo feminino. A média de idade em que esses jovens começavam a expressar desejo de ser do sexo oposto foi de 15 anos (com média de 13 anos entre as meninas), aproximadamente um terço foi diagnosticado com depressão e transtorno de ansiedade. Os jovens acometidos por esses e outros transtornos demonstraram maior ênfase em solicitar o tratamento afirmativo de transição de gênero, e a maioria dos pais relatou que o tratamento afirmativo não promoveu uma melhora significativa no bem-estar de seus filhos disfóricos.

Bailey também enfrentou represálias em forma de cancelamento: a pressão exercida por ativistas, incluindo pesquisadores e terapeutas, resultou na revista rejeitando seu artigo após a publicação.[31] A justificativa apresentada pela revista foi a de que houve uma falha ética na obtenção do consentimento dos participantes. Bailey contestou de forma fundamentada,[32] apresentando estudos que utilizaram questionários e formulários de consentimento semelhantes, os quais não sofreram retratação. O caso ilustra a influência nefasta do identitarismo sobre a ciência hoje.

EXPERIMENTOS COM CRIANÇAS SOB PRESSÃO DE ATIVISMO IDENTITÁRIO

O "tratamento afirmativo de gênero" inicia-se permitindo que a criança disfórica adote um novo nome e um vestuário correspondendo ao gênero desejado. Essa intervenção não é isenta de impacto; ela eleva a probabilidade de que a criança avance para as etapas subsequentes: ter sua puberdade bloqueada por meio de medicamentos como Lupron — uso que não está indicado na bula, que na verdade o indica para endometriose e câncer de próstata. Uma análise conduzida pelo *New York Times* envolvendo 500 crianças disfóricas submetidas ao bloqueio puberal revelou que todas apresentavam densidade óssea inferior ao padrão normal para sua idade.[33] Na Suécia, há registro ao menos de um caso de uma garota que ficou permanentemente deficiente por uma lesão óssea facilitada por essa osteoporose precoce. O uso do bloqueador da puberdade também exerce influência significativa sobre as decisões futuras da criança disfórica, aumentando a probabilidade de seguir para o tratamento de substituição hormonal. Esse processo culmina frequentemente em intervenções cirúrgicas como remoção das mamas nas meninas e vaginoplastia nos meninos.

Trata-se do conhecido Protocolo Holandês, amplamente adotado em especial por endocrinologistas dos Estados Unidos. Assim como ocorre em diversas pesquisas relacionadas a esse tema, o protocolo fundamenta-se em uma amostra limitada de apenas 70 jovens disfóricos acompanhados. Um desses jovens morreu por complicações associadas à cirurgia genital.

Com o objetivo de atender ao aumento expressivo de casos de disforia juvenil, que passou de 50 por ano para milhares, a clínica britânica Tavistock adotou o Protocolo Holandês em 2014, abandonando, em essência, sua abordagem anterior, centrada em psicoterapia. A equipe médica eliminou o limite etário mínimo de 12 anos para o tratamento, permitindo que o protocolo fosse aplicado experimentalmente em crianças ainda mais jovens. Entre as crianças encaminhadas pela Tavistock para endocrinologistas, 96% tiveram suas puberdades bloqueadas[34] e, posteriormente, 98% deram continuidade ao tratamento com terapia hormonal.

Em 2017, Domenico Di Ceglie, fundador da clínica, foi questionado em uma palestra: "Ao criar o serviço, você está criando o problema?". Ele respondeu: "Não sei a resposta para essa pergunta". Em 2021, foram publicados os resultados do experimento com bloqueadores realizado na Tavistock indicando que os pesquisadores "não identificaram mudanças na função psicológica, na qualidade de vida ou grau de disforia de gênero" das crianças. Em decorrência, seguiram-se sindicâncias, escrutínio parlamentar, resultando no fechamento da Clínica Tavistock em 2024, descentralizando o tratamento para disforia no Reino Unido, que abandonou o Protocolo Holandês. O novo governo de esquerda do país restringiu a um quase banimento o uso de bloqueadores de puberdade. Medidas semelhantes foram tomadas por órgãos públicos de saúde na Suécia, França e Finlândia.

O mau exemplo da Clínica Tavistock teve sua história detalhadamente documentada pela jornalista Hannah Barnes.[35] Caso haja dúvidas sobre a atribuição de parte do fracasso da clínica à influência da ideologia identitária, a própria autora oferece uma explicação: "Foi sob a orientação da [ONG identitária] *Mermaids* que a equipe [da clínica] interrompeu o uso de nomes registrados em certidões de nascimento na correspondência oficial. Isso pode parecer uma questão menor, mas a influência da *Mermaids* cresceu exponencialmente". Essa é a mesma organização que, aparentemente, inspirou a fascinação de Jazz Jennings — a mais famosa celebridade trans da televisão americana que teve sua puberdade bloqueada — por sereias. "A *Mermaids* foi fundada na década de 1990 por pais que participavam de sessões de grupo" na Tavistock. A organização "contribuiu de maneira criativa" para o desenvolvimento do GIDS (sigla para Serviço de Desenvolvimento de Identidade de Gênero) e, na visão de Di Ceglie, constituía uma "entidade complementar" ao serviço.

No início dos anos 2000, a organização ainda reconhecia que a disforia apresentava múltiplas causas e que a maioria das crianças disfóricas se desenvolvia sem precisar passar pela transição de sexo. No entanto, ao longo das décadas que culminaram no auge do contágio social das autodeclarações e da disforia de início rápido, a *Mermaids* tornou-se cada vez mais politizada e difícil de se relacionar. O que isso significa na prática? Um dos membros da equipe médica relata: "Eu nem queria comparecer [às reuniões da ONG]. As pessoas ficavam criticando, dizendo 'Por que não dá logo o remédio? Você está matando as nossas crianças'. Atacam você por simplesmente tentar oferecer um tempo para reflexão junto às crianças". Essa postura dos ativistas é típica do identitarismo.

Em janeiro de 2023, no Brasil, aproximadamente 100 crianças com disforia de gênero, entre quatro e 12 anos, estavam sendo submetidas ao bloqueio puberal no Ambulatório Transdisciplinar de Identidade de Gênero e Orientação Sexual (AMTIGOS) do Hospital das Clínicas da Universidade de São Paulo.[36] Além dessas crianças, 180 jovens de 13 a 17 anos estavam na fila para receber o tratamento hormonal.

O coordenador do AMTIGOS, Alexandre Saadeh, que se mostra reticente em responder às perguntas da imprensa (chegando a me bloquear no WhatsApp quando fiz perguntas difíceis), compareceu a uma audiência pública na Assembleia Legislativa de São Paulo, em agosto de 2023.[37] Saadeh demonstrou uma postura imponente diante dos deputados estaduais, que se apresentaram, em sua maioria, despreparados e divididos entre parlamentares "de direita", desconfiados e com poucas perguntas pertinentes, e os "de esquerda", que o elogiaram repetidamente, jurando pela segurança e qualidade de seu trabalho. De forma articulada, Saadeh apresentou alguns números: 1153 casos de disforia atendidos na triagem até junho; 116 casos em acompanhamento com crianças entre quatro e 11 anos e 150 casos de adolescentes entre 12 e 17 anos. Ele destacou que "não é habitual" que os pacientes cheguem até o final do protocolo.

O trecho mais revelador do depoimento de Saadeh foi sua declaração sobre o psicólogo infantil Kenneth Zucker, um dos principais especialistas globais na área, que destacou a alta taxa de desistência entre crianças com disforia de gênero. "Foi acusado de abuso sexual, teve todo um... algumas questões aí. Ele entrou em descrédito, mas ele continua publicando, ele tem uma maneira de encarar o trabalho com identidade de gênero de uma maneira muito específica, que é interessante. No ambulatório, a gente não segue nem a escola canadense [de Zucker], nem a escola holandesa, e muito menos a escola americana (...), que é afirmativa. A gente faz uma antropofagia dessas três formas".

Saadeh pronunciou a palavra "descrédito" pela metade, como quem lança uma acusação disfarçada, mantendo sua cadência professoral. No entanto, a acusação repetida por Saadeh contra o especialista canadense é infundada. Conforme documentado pela BBC em 2017,[38] Zucker perdeu seu emprego e viu sua clínica ser fechada em Toronto devido à pressão de ativistas identitários, como a organização *Mermaids*, que buscavam estigmatizar qualquer profissional que, como ele, defendesse que a remissão espontânea é o desfecho mais comum para a disforia de gênero na infância, sem a necessidade de transição — uma posição baseada em décadas de experiência, mas interpretada como apoio à "terapia de conversão". As metodologias de Zucker para avaliar a disforia de gênero, que incluíam a utilização de brinquedos representativos das diferenças típicas de interesses entre os sexos, foram rotuladas como "perpetuação de estereótipos de gênero". Ativistas identitários dirigiram acusações graves contra Zucker. O Centro de Vício e Saúde Mental (CAMH), responsável por sua demissão, posteriormente retirou um relatório crítico de seu site e emitiu um pedido formal de desculpas. Zucker recebeu uma indenização de 586 mil dólares canadenses por difamação do CAMH. Em termos de "descrédito": Zucker possui mais de 16 mil citações em artigos científicos na plataforma acadêmica ResearchGate, enquanto Saadeh acumula apenas 374.

Compartilhei as declarações de Saadeh com Zucker. Zucker afirmou que, se o médico da USP residisse no Canadá, ele enfrentaria um processo por difamação. "Fazer tal acusação a meu respeito é não apenas pouco profissional, mas também execrável", declarou Zucker.[39]

Qual é a origem das acusações de abuso sexual mencionadas por Saadeh? Essas acusações surgiram em uma petição organizada na Universidade de Toronto. A referida petição baseava-se em informações provenientes de um blog que, atualmente, está fora do ar. Conforme relatado pela historiadora e bioeticista Alice Dreger, ativistas identitários também fizeram falsas acusações de abuso sexual contra o sexólogo J. Michael Bailey. Curiosamente, a acusadora de Zucker referenciada no blog desativado é a mesma que havia direcionado acusações semelhantes contra Bailey: Lynn Conway. Conway é frequentemente mencionada em diversos casos de difamação envolvendo cientistas que desafiam dogmas do ativismo identitário.[40] O especialista do ambulatório da USP precisa melhorar suas fontes.

ADICIONANDO CONFUSÃO E NEGLIGÊNCIA MÉDICA AO PROBLEMA DO PRECONCEITO

Retomemos o caso de Jazz Jennings, a celebridade transexual americana (saiba mais detalhado no **Caso 4,** ao final do capítulo). Sua mãe desconsiderou o fato de que 90% dos meninos disfóricos, como foi o caso de Jazz, apresentam remissão espontânea da disforia, independentemente da gravidade dos sintomas. Desde cedo, Jazz foi colocada no caminho do "tratamento afirmativo", que incluiu bloqueio de puberdade, terapia hormonal e cirurgias que, por vezes, foram malsucedidas. Uma cena particularmente constrangedora, mostrada em seu programa de TV, exibe os cirurgiões discutindo sobre como proceder durante a cirurgia de reconstrução genital. Por que Jazz Jennings quis tornar-se mulher? Ainda é prematuro afirmar se há algum fator neurobiológico subjacente a essa motivação; talvez jamais saibamos. O percurso de seu tratamento transformou-se em uma profecia autorrealizável. Não é possível afirmar que ela foi "uma mulher presa em um corpo de homem", nem que "é um homem, pois o sexo é imutável". Devemos acolher a incerteza com humildade para evitar que falsas certezas nos exponham a humilhações decorrentes de novas descobertas no futuro. Até que novos dados surjam, os dogmas identitários, com suas siglas excessivamente complicadas e redundantes para descrever minorias sexuais, mais confundem do que contribuem. Enquanto isso, os casos dos "destransicionadores", jovens que passaram por esses tratamentos e posteriormente se arrependeram, continua a crescer.

A transexualidade clássica, que exclui a disforia de início rápido surgida a partir de 2012, tem uma longa história, e essa história evidencia que as recentes modas identitárias irresponsáveis não invalidam a existência de transexuais clássicos como uma parte natural da variação humana. Os textos sagrados do islã mencionam os *mukhannathun*, homens afeminados de Meca que cantavam e atuavam como organizadores de casamentos. Um *hadith* (texto sagrado não incluído no Corão) relata que Maomé baniu um *mukhannath* que tinha tatuagem de henna nas mãos (costume feminino) e "imitava as mulheres".[41] Uma cultura que habitava a região de Praga, na atual República Tcheca, durante a Idade do Bronze, mantinha o hábito de enterrar as mulheres com a face voltada para o leste e os homens para o oeste. Em 2011, um esqueleto com características masculinas, datado entre 2500 e 2800 a.C., foi encontrado com a face voltada para o leste. Além disso, apresentava sinais de que fora tratado como mulher, com uma caixa oval típica dos túmulos femininos, e uma conspícua ausência de armas de guerra habitualmente encontradas em túmulos masculinos. Esse não foi o primeiro achado de natureza similar. As declarações dos arqueólogos e a cobertura midiática foram confusas, mas é possível afirmar que manifestações análogas à transexualidade já existiam nesse período.[42]

No contexto das minorias sociais e das dificuldades que enfrentam, o identitarismo adicionou confusão de identidade e abordagens inadequadas para lidar com os desafios do desenvolvimento de crianças disfóricas, agravando os problemas já existentes de preconceito e discriminação injusta. Outras propostas identitárias, como a insistência em permitir a inclusão de atletas trans no esporte feminino, resultaram em injustiças evidentes para qualquer observador não comprometido com essa ideologia.[43] Chego a pensar que nem o Irã teria idealizado uma estratégia mais eficaz do que o identitarismo para desmoralizar essas minorias e as sociedades tolerantes a elas. No entanto, a convergência entre a teocracia islâmica e os identitários ocidentais — ambos promovendo a transformação de gays em mulheres trans — é, em grande parte, uma coincidência.

Já presenciei grupos identitários de universidades alterarem deliberadamente a sigla das minorias sexuais utilizando um "g" minúsculo, com a intenção de reduzir a relevância dos gays. Atualmente, os homens homossexuais, que foram responsáveis por grande parte do trabalho intelectual e político pela liberdade das minorias sexuais ao longo do último século, estão perdendo o status de "vítima" na hierarquia invertida identitária, passando a ser alvo de críticas pela cor da pele, caso sejam brancos, e até por questões estéticas. Essa traição sintetiza o que o identitarismo oferece às minorias sexuais: divisão, confusão e retrocesso. Essas ideias e táticas não foram responsáveis pela mudança da opinião pública a favor dos direitos das minorias sexuais e do casamento entre pessoas do mesmo sexo — uma conquista que agora desacelera e corre o risco de sofrer uma reversão. Para mitigar os danos a si mesmos, os GLBT não identitários devem priorizar a integração à sociedade em geral e retomar o uso de argumentos liberais.

CASO 3. O frade capuchinho Yves d'Evreux, em *Viagem ao Norte do Brasil* feita nos anos de 1613 a 1614, relata que um indígena pobre, descrito como "bruto, mais cavalo do que homem", fugiu para a mata ao saber que os franceses o procuravam, junto a seus semelhantes, para matá-los e "purificar a terra de suas maldades por meio da santidade do Evangelho". O frade revela o motivo do impulso assassino em nome de Deus somente após relatar que o indígena afirmou "Vou morrer, e bem o mereço". A explicação foi atribuída a outro presente, o nativo Karuatapirã ["Cardo Vermelho"], que justificou a pena capital ao condenado com base em uma interpretação distorcida da doutrina católica: "Quando Tupã [Deus] mandar alguém tomar teu corpo, se desejares ter no Céu cabelos compridos e o corpo de mulher, em vez do de homem, peça a Tupã que te conceda um corpo feminino, e ressuscitarás como mulher, permanecendo no Céu ao lado das mulheres e não dos homens". Em termos contemporâneos, o indígena era gay ou transexual. A vítima foi então colocada na boca de um canhão posicionado na muralha do Forte de São Luís. Karuatapirã acendeu o pavio, e, com um estrondo, o corpo do indígena foi brutalmente partido ao meio. Um fragmento caiu no mar, enquanto o outro se estatelou ao pé da muralha. "Quanto à sua alma, é de se crer que os anjos a conduziram ao Céu, pois ele faleceu logo após ter recebido as águas do batismo, certeza infalível da salvação", comentou d'Evreux, acrescentando que o carrasco se mostrou extremamente satisfeito por ter recebido dos franceses a honra de realizar a execução."[44]

CASO 4. "Eu a diagnostiquei antes de levá-la para ver um profissional e aí confirmaram", disse Jeanette, mãe de Jazz Jennings, uma das transexuais mais famosas do mundo com um *reality show* que já teve oito temporadas.[45] Jazz apareceu na tevê americana pela primeira vez aos seis anos, já se apresentando como menina. Nesta época, apesar da pouca idade da filha, Jeanette dizia que Jazz seria feliz se tivesse o pênis transformado em uma vagina. Ela procurou uma ONG britânica chamada *Mermaids* ["Sereias"], à qual Jazz depois deu o crédito por dar à sua mãe segurança para permitir a transição. Desde então, Jazz ficou obcecada com sereias, "porque elas não têm genitálias". Aos 11, ela teve sua puberdade bloqueada por medicamentos. Depois, tomou hormônio feminino. Aos 17, cirurgiões modificaram seu pênis de modo a parecer uma vagina, mas o bloqueio provavelmente tornou o procedimento mais difícil, pelo pouco desenvolvimento de tecido genital. Uma das cirurgiãs é Marci Bowers, ela própria uma transexual. Em 2022, Bowers disse que "toda criança ou adolescente que teve a puberdade bloqueada de verdade no estágio Tanner 2", a fase da puberdade em que Jazz estava quando fez a cirurgia, "nunca experimentou o orgasmo. É realmente por volta de zero". Três anos depois da cirurgia, a médica acrescentou que "não é fã" do bloqueio.[46] No programa, Jazz teve três relacionamentos, todos breves, e só beijou um dos namorados. Ela sofre com problemas como a obesidade, ansiedade e depressão. Nos EUA, o tratamento aplicado em Jennings é conhecido como "afirmativo de gênero". Em um popular programa da HBO, o apresentador John Oliver repetiu uma opinião comum nos defensores do tratamento de que bloquear a puberdade é como "pausar uma música".

6. GRUPO CONTINENTAL, OU MELHOR, RAÇA

> *Até que a filosofia que considera uma raça superior / E outra / Inferior / Seja finalmente / E permanentemente / Desacreditada / E abandonada / Em todo lugar é guerra / Eu digo guerra*
> — Bob Marley, "War", 1976. As palavras são do discurso de Haile Selassie I, o imperador da Etiópia, às Nações Unidas em 1963. O líder, que Marley adorava como uma figura divina, é mais conhecido como Ras Tafari.

> *O escravo tem sido o resignado secular; mas três séculos de dor são suficientes para formar uma hora de desespero. (...) O que deve ele ao senhor de seus pais? Noções de moral? Ele foi criado na senzala. Noções de bondade? Negaram-lhe até o leite materno. Noções de civilização? Ele é analfabeto. (...) 'A escravidão e a pena de morte já estão condenadas pela ciência, e sem apelo. Só falta que a legislação as arranque do seu código para sepultá-las nas misérias do passado. A redenção do homem, primeiro marco miliário da humanidade, que caminha incessante para a perfeição, está consumada na razão universal, no mundo das idades.' Augustos e digníssimos senhores representantes da nação brasileira: consumai-a na lei.*
> — José do Patrocínio e André Rebouças, "Manifesto da Confederação Abolicionista do Rio de Janeiro", 11 de agosto de 1883 (com adaptações). A citação interna é de José de Alencar.[1]

Um consenso cultural consolidou-se no século XX após a noção de raça ter desempenhado um papel central nas maiores tragédias já registradas pela humanidade. Esse consenso possui uma dimensão moral e uma dimensão de conhecimento. A dimensão moral é expressa no discurso de Ras Tafari, eternizado pela música de

Bob Marley, que prega que nenhuma raça é moralmente superior ou inferior a outra. Em outras palavras, deve-se evitar a formação de expectativas ou crenças negativas e a prática de maus-tratos baseados em características fenotípicas superficiais. O termo "racismo" foi aplicado a quem insistia em contrariar esse princípio.

Marley e o imperador etíope propuseram que a solução ética era desenfatizar os fenótipos superficiais no tratamento que dispensamos uns aos outros: "Até que a cor da pele de um homem / Não seja mais significativa / que a cor de seus olhos / Eu digo guerra". Ao ritmo do reggae, fizeram um apelo ao universalismo: "Até que direitos humanos básicos / Sejam garantidos igualmente a todos / Sem consideração de raça / É guerra"; "Até o dia / O sonho da paz duradoura / De cidadania mundial / De governo da moralidade internacional".

Como vimos no capítulo 2, não é isso o que o identitarismo quer. O identitarismo não defende a neutralidade racial, onde a cor dos olhos das pessoas deveria ter a mesma insignificância que a cor de sua pele, e privilegia o relativismo cultural acima de esforços para estabelecer padrões universais, como os direitos humanos. Os identitários são extremamente enfáticos em defender um tratamento diferenciado baseado na raça, revivendo a segregação racial em instituições de ensino nos Estados Unidos.[2] No Brasil, há uma pressão muito forte pela continuidade das cotas raciais, reavivando práticas ainda mais problemáticas, como veremos a seguir.

Na dimensão de conhecimento, o consenso universalista propôs que essa característica à qual os racistas atribuem tanto peso, a raça, talvez nem exista. Há quem afirme categoricamente que a raça não existe. Portanto, iniciemos com a seguinte pergunta: existem raças em humanos?

"NÃO EXISTE RAÇA EM HUMANOS, SÓ A RAÇA HUMANA", DISSERAM CONFUSAMENTE

Como veremos em breve, há um equívoco comum entre biólogos que defende a ideia de que rejeitar a existência de raças é necessário para combater o racismo. Um duplo equívoco, já que incorpora conceitos morais previamente existentes em questões de conhecimento, o que só pode comprometer a imparcialidade na busca pela verdade. Entretanto, a origem dessa ideia está nos antropólogos sociais. Entre eles, uma área em que a objetividade científica é frequentemente frágil, não é incomum que a militância moralista se sobreponha aos objetivos de pesquisa, às vezes de uma forma dramática. Apresento dois exemplos para ilustrar essa influência.

Primeiro, foi esse pessoal mais focado em cultura que espalhou uma grave calúnia contra o antropólogo Napoleon Chagnon e o geneticista James Neel, de que teriam inoculado o povo yanomami de propósito com um vírus letal. O autor da mentira foi Patrick Tierney, um jornalista. Essa história foi bem contada pela bioeticista e historiadora da medicina Alice Dreger.[3]

Tive o privilégio de ter sido aluno do geneticista Francisco Mauro Salzano, responsável pela fundação do Departamento de Genética da UFRGS e que possuía uma conexão direta com James Neel. Pude ver com meus próprios olhos que Salzano ainda dependia de amostras de sangue antigas, colhidas com consentimento das tribos indígenas na década de 1960, para realizar suas pesquisas. A razão mais provável para a antiguidade das amostras é a campanha contra abordagens biológicas promovida por diversos antropólogos sociais e defensores da teoria da tábula rasa. Ainda assim, Salzano e sua equipe de alunos conseguiram realizar importantes contribuições no mapeamento genético das rotas migratórias humanas, elucidando a expansão do *Homo sapiens* nas Américas ao longo dos últimos 15 mil anos.

Segundo, foram principalmente antropólogos sociais com tendências relativistas que armaram a primeira resistência acadêmica contra a Declaração Universal dos Direitos Humanos. Para eles, era muita ousadia "imperial" de Eleanor Roosevelt supor que mulheres de culturas do Norte da África têm o direito de não serem submetidas à mutilação genital.

Não perderei muito tempo com as alegações dos antropólogos sociais sobre raça. Basta o título de um dos livros mais influentes sobre o assunto, de Ashley Montagu: *O mito mais perigoso do homem: a falácia da raça* (1942). Já traz embutido o tabu moral e o veto implícito à pesquisa.

RAÇAS HUMANAS EXISTEM, MAS OS BIÓLOGOS CHAMAM POR OUTROS NOMES

É da seara da biologia o estudo da variação genética de diferentes espécies. Cabe a essa ciência definir uma caracterização de "raça" que seja mais precisa do que a do senso comum, livre de interferências de crenças alheias à investigação científica imparcial.

A obra mais relevante de toda a biologia, *A Origem das Espécies por Meio da Seleção Natural*, de Charles Darwin, menciona o termo raça em seu subtítulo: *A Preservação das Raças Favorecidas na Luta pela Vida*. Descrita de forma perspicaz pelo biólogo Ernst Mayr como um "longo argumento", a obra esclarece o que entende por "raça": já no primeiro capítulo, intitulado "Variação sob Domesticação", Darwin utiliza os termos "variedades domésticas" e "raças domésticas" como sinônimos.

Ernst Mayr, por sua vez, é o responsável pela definição de "espécie" na biologia: um grupo de organismos que podem se reproduzir entre si e gerar descendentes férteis. Raças tornam-se espécies distintas (processo chamado "especiação") quando se separam o suficiente para perder essa capacidade de gerar descendentes férteis entre si. Entretanto, esse processo não é garantido e raças diferentes podem se fundir ao longo do tempo. Sendo assim, sugiro que o termo "subespécie" seja utilizado para se referir a raças apenas quando houver indícios claros de um processo inicial de especiação.

Darwin utilizou o termo "seleção natural" para nomear sua explicação pioneira sobre a adequação das espécies aos seus ambientes, baseando-se em uma analogia. A seleção natural é comparável à seleção artificial praticada por criadores de animais, que resultou no desenvolvimento de diferentes variedades (ou raças) de cães, pombos, galinhas e gado. Um dos raros pensadores que conceberam a ideia de evolução por seleção natural antes de Darwin, sem, contudo, perceber todo o potencial da teoria para explicar a origem das espécies, foi Patrick Matthew, um cultivador escocês de variedades de árvores que se interessava em suas aplicações de construção naval.

Em *A Origem das Espécies*, Darwin mencionou as diferentes raças de repolho, uma observação acertada, visto que plantas tão distintas como a couve, couve-flor, brócolis, couve-de-bruxelas e repolho são todas variedades — ou seja, raças — da mesma espécie, *Brassica oleracea*. Tal constatação pode surpreender alguns, já que, a olho nu, brócolis e couve-de-bruxelas parecem pertencer a espécies distintas. No entanto, são variações da mesma espécie.

O uso do termo 'raça' por Darwin em sua obra é relativamente inocente. No entanto, ao longo das décadas seguintes, o termo passou a ser utilizado de maneira que exagerava as diferenças entre as variedades humanas, promovendo interpretações moralistas (e racistas) que sugeriam a superioridade de certos grupos sobre outros.

Manchada pelo abuso político do conceito de raça nos séculos XIX e XX, a biologia buscou uma solução rocambolesca para o problema: alterar seu vocabulário. Pressionados por profissionais de outras áreas e ativistas, biólogos e antropólogos físicos passaram a adotar terminologias como "etnicidade", que remete a "etnia", mas sugere que estamos falando de algo que transcende a esfera cultural, e "grupo populacional", o mais neutro possível. O biólogo Richard Dawkins observa que o termo "etnicidade" é nada mais que um "eufemismo dissimulado" para raça.

GRUPO CONTINENTAL, OU MELHOR, RAÇA

Vejamos alguns fatos revelados pela genética de populações, impulsionada pela moderna capacidade de decodificar nosso DNA. Na ciência, diz-se que um fenômeno possui distribuição "discreta" ou "categórica" quando há transição abrupta entre categorias, sem intermediários. Os pontos cardeais, por exemplo, apresentam distribuição discreta. Fenômenos que não possuem distribuição discreta são denominados "contínuos" ou, mais recentemente, classificados como "espectros". Latitude e longitude exemplificam distribuições contínuas, em que a trigonometria permite calcular com precisão arbitrária a posição exata de qualquer ponto na superfície da Terra. Embora esse nível de precisão não tenha aplicação prática, é possível atribuir a um único átomo em um grão de areia uma coordenada única de longitude e latitude, distinta do átomo vizinho. Embora diferentes culturas atribuam rótulos categóricos às cores, elas se fundamentam em um espectro contínuo de comprimentos de onda de luz visível.

Sabe-se que a espécie humana possui uma origem comum entre os primatas africanos há centenas de milhares de anos. Esse processo, contudo, apresenta complexidades, como o intercruzamento com os neandertais e outras linhagens na Eurásia. Ainda assim, nenhum biólogo, sob um olhar científico rigoroso, contestaria que todas as populações humanas existentes atualmente pertencem a uma única espécie, tal como as diferentes variedades de repolho e couve pertencem à mesma espécie vegetal.

Quando se menciona o conceito de raças humanas, o que se sugere é que a diversidade humana se organiza de maneira discreta, e não apenas contínua. Entretanto, os termos "negro", "branco" e "asiático", utilizados para grupos humanos, são válidos e úteis para a compreensão da diversidade humana? Em outras palavras, é adequado visualizar a variação da espécie humana em termos *discretos* como fazemos com a variação da hortaliça crucífera?

Existem diferentes métodos para mensurar essa variação genética. Um dos primeiros métodos, desenvolvido pelos pioneiros que integraram as ideias de Darwin com a genética mendeliana, é o *índice de fixação*, conhecido como F_{st}. Em essência, trata-se de uma métrica que quantifica o quanto a variação genética total de um grupo de populações (ou até mesmo de uma espécie completa) pode ser atribuída a diferenças entre esses grupos. Se o valor de F_{st} for zero, significa que as populações em análise são geneticamente indistinguíveis, e toda a variação genética se encontra entre os indivíduos. Caso o F_{st} atinja 100%, seu valor máximo, isso indicaria que as populações não poderiam ser mais geneticamente distintas entre si.

Classificamos os cães em raças distintas, como pinscher, golden retriever, dálmata e husky siberiano. O valor de F_{st} entre raças de cães é de 30%.[4] As vacas são classificadas em raças como nelore, angus e quatro variedades de wagyu japonês, com um valor de Fst de apenas 9,5%.⁵ Por outro lado, o Fst da espécie de planta à qual pertencem raças como couve-flor e brócolis é de 55%.⁶

O valor de Fst para humanos foi estimado entre 12% e 15%.⁷ Esse índice é maior do que o observado entre as vacas eurasianas, mas menor que o dos brócolis e suas hortaliças aparentadas. Na natureza, espécies com valores de Fst similares ao nosso são o cipreste italiano (15,6%) e o rato-natal africano (12,8%).

Personalidades históricas, como Winston Churchill, frequentemente empregavam o termo "raça" como sinônimo de nação. A definição de raça, revisada à luz da genética, deve rejeitar essa concepção, visto que portugueses e espanhóis, por exemplo, apresentam um Fst inferior a 1% entre si. Enquanto para a caracterização de nações ou etnias o elemento central é a cultura, para a concepção de raça o foco reside na biologia. Caso contrário, perderemos um termo comum e potencialmente neutro para tratar de forma objetiva as variedades humanas sob a perspectiva biológica.

O valor de Fst observado entre humanos é suficientemente elevado para justificar a afirmação de que há raças distintas dentro da espécie humana? Segundo a análise do geneticista Richard Lewontin, a resposta é negativa. Em 1972, Lewontin argumentou que os 85% da variação genética, atribuíveis às diferenças entre indivíduos e não entre populações, demonstrariam que o conceito de raça carece de fundamento biológico. Lewontin incorreu em equívocos posteriormente expostos pelo estatístico A. W. F. Edwards, que denominou esses equívocos como "falácia de Lewontin".⁸ De maneira simplificada, a falácia consiste em desconsiderar que mesmo uma pequena porcentagem da variação genética entre populações pode ser suficiente para justificar a existência de categorias discretas, como raças. Um exemplo claro dessa situação são os 9,5% de Fst que caracterizam as raças de bovinos domesticados.

Lewontin, de orientação marxista, defendia o projeto de eliminar o conceito de raça em humanos com o intuito de combater o racismo. A premissa subjacente a esse projeto, no entanto, é falaciosa. Trata-se de um raciocínio análogo a afirmar que seria necessário extinguir o conceito de orientação sexual para combater a homofobia, ou suprimir a distinção entre homem e mulher para eliminar o sexismo. Outros marxistas anteriores, como o escritor de ficção científica H. G. Wells e o próprio Friedrich Engels, adotavam posturas que exageravam as diferenças entre as raças. O cerne do racismo de ambos não residia apenas na aceitação de que a variação humana poderia ser descrita em categorias descontínuas, mas sim em impor noções morais equivocadas sobre essas diferenças, frequentemente distorcendo princípios biológicos.

Wells, por exemplo, afirmou que, na natureza, "a fraqueza era impedida de propagar fraqueza", fazendo uma clara alusão à eliminação das raças que ele considerava inferiores ou à contenção da miscigenação, ideia que também permeia o *Mein Kampf* de Hitler. Entretanto, deixando de lado momentaneamente o caráter repugnante do texto de Wells, a ideia por ele defendida revela-se absurda do ponto de vista biológico, uma vez que é sabido que a *extinção* de espécies inteiras é uma das consequências previsíveis da evolução por seleção natural. À medida que o termo "fraqueza" pode ser interpretado objetivamente na biologia, a extinção surge como seu equivalente mais próximo. No entanto, a natureza não se submete a definições impregnadas de juízos de valor racistas, como "fraqueza racial" ou "raça superior". Há, de fato, evidências de que a miscigenação, ao promover organismos mais resilientes a doenças e menos suscetíveis a problemas genéticos, traz benefícios significativos — desde que se adote o julgamento moral de que a sobrevivência e a perpetuação das linhagens são objetivos desejáveis.

O Fst não é o único método potencialmente relevante para o estudo de raças. Recentemente, com o aumento da disponibilidade de amostras de genomas humanos completos, novas ferramentas e modelos estatísticos têm sido empregados. Mais uma vez, os termos utilizados evitam o uso da palavra "raça". Na genética de populações humanas, afirma-se que a nossa espécie possui uma variação genética "estruturada" ou estratificada. O número de grupos continentais discretos que descrevem adequadamente a diversidade humana varia entre os estudos, mas raramente ultrapassa 10. Um estudo realizado em 2008 identificou sete grupos principais: África, Oriente Médio, Europa, centro e sul da Ásia, Ásia Oriental, Oceania e Américas. Esses grupos são popularmente referidos como: negros, semitas, europeus, sul-asiáticos, orientais, "aborígenes" e ameríndios.

Embora as palavras do senso comum possam variar, as categorias identificadas de maneira imparcial pela genética corroboram parcialmente essas percepções populares. Esse fato não me surpreende, pois sou adepto da concepção de que a ciência é, essencialmente, um desenvolvimento rigoroso e crítico do senso comum, funcionando como seu "braço longo".[9] Essas categorias revelam, em primeiro lugar, uma trajetória de dezenas de milhares de anos em que os seres humanos desbravaram novas terras pelo planeta, desenvolvendo variações regionais — seja por mero acaso ou (ainda que não se saiba com precisão até que ponto) por seleção natural.

Geneticistas em atividade na pesquisa de ponta sabem dessa correspondência entre senso comum e estratificação genética da espécie humana em populações continentais. Um deles é David Reich, de Harvard. Em 2018, ele publicou um curioso artigo de opinião no *New York Times*[10] no qual me pareceu dividido entre defender as descobertas da genética e respeitar os tabus progressistas. Ao mesmo tempo que reclamava de uma "ortodoxia" criada por Lewontin segundo a qual "devemos ficar apreensivos diante de qualquer pesquisa sobre diferenças genéticas entre populações", e afirmava, ainda que com aspas cautelosas, que "simplesmente não é mais possível ignorar diferenças genéticas médias entre as 'raças'", Reich acrescentou que "é verdade que a raça é uma construção social". Quanta confusão.

SE VOCÊ É CONTRA O RACISMO, É MELHOR NÃO SER "ANTIRRACISTA"

A perspectiva de Lewontin, no entanto, não é inteiramente sem mérito. Aqui está como seria possível resgatar esse ponto de vista: embora seja correto afirmar que raças humanas existem, assim como existem raças de bovinos e outras espécies, as diferenças entre raças humanas são muito mais sutis quando comparadas às criadas pela seleção artificial em cães ou em variedades de hortaliças. Independentemente da magnitude das diferenças entre grupos, o erro fundamental dos racistas reside no campo moral, ao atribuir às raças maior ou menor valor moral. A ética, que é investigada na filosofia moral, demonstra que o argumento racista é insustentável e, na verdade, facilmente refutado por meio de análises racionais e fundamentadas.

Outro erro comum cometido pelos racistas, de interesse relevante para os cientistas, é o uso indevido da biologia para exagerar as diferenças entre uma pessoa negra aleatória e um judeu ou uma pessoa de ancestralidade majoritariamente europeia (sem mencionar que o conceito "raça ariana" é insustentável segundo a genômica moderna). Grande parte da variação humana encontra-se, de fato, nos indivíduos, o que implica que, para qualquer medida objetiva que os racistas tentem manipular para valorizar uma raça sobre a outra, sempre existirão inúmeras exceções que refutam tal visão.

Os racistas têm se mostrado abusadores contumazes da biologia desde os tempos de Adolf Hitler, cujo livro *Mein Kampf* apresenta graves erros conceituais ao tratar a hibridização entre espécies como análoga à miscigenação de raças e ao sugerir que tal miscigenação traria consequências prejudiciais à saúde humana. Esses equívocos grosseiros já eram amplamente reconhecidos e refutados por cientistas da própria época de Hitler.

Entretanto, a mensagem anteriormente apresentada não reflete a visão do progressismo identitário e do movimento identitário como um todo. O intelectual brasileiro Demétrio Magnoli escreveu uma obra seminal criticando os identitários raciais — um grupo que ele denomina "racialistas", termo que se mostra adequado ao contexto.[11] Embora Magnoli compartilhe da visão amplamente difundida entre intelectuais de que as raças humanas não possuem existência biológica concreta, ele acerta ao afirmar que os identitários de raça se apropriaram de um conceito originado pelos racistas das leis Jim Crow no sul dos Estados Unidos: a saber, a noção de que a raça negra seria tratada como um elemento "impuro" que contamina as linhagens, o que leva pessoas com mínima ancestralidade africana ou fenótipo pouco evidente a se identificarem como "negras".

Isso já está acontecendo no Brasil, que é formado por uma maioria de mestiços. Senti-me compelido a responder repetidamente até mesmo aos geneticistas envolvidos nos estudos da genética das populações brasileiras, alguns dos quais propagam a falácia identitária de que a mestiçagem brasileira se deve principalmente ao estupro ou que essa prática está entre as causas predominantes. Tal inverdade pode ser refutada de várias formas: levando em conta o que atrai naturalmente as mulheres em um homem, analisando qual parcela dos homens realmente possui interesse em cometer tais atos violentos[12] e observando, inclusive, as diatribes racistas do poeta Gregório de Mattos,[13] que criticava o excesso de mestiços na população da cidade da Bahia, sem, contudo, mencionar que foram gerados por meios coercitivos. Assim como ocorre no conceito de "negro" aplicado pelo racialismo americano, os progressistas tomam a parte (mestiços concebidos por meio de coerção sexual) pelo todo (a maior parte dos mestiços, gerados por meio de relações consensuais).

Eu, que já tive a oportunidade de analisar meu genoma, tradicionalmente distribuído entre as três principais origens brasileiras: africana, ameríndia e europeia, observei que muitos dos que perpetuam a equivocada hipótese do estupro são indivíduos "brancos", cujos ancestrais imigraram para o Brasil em períodos mais recentes e que ainda carregam essa história em seus sobrenomes. Se eu fosse adepto do identitarismo, teria amplo material para problematização, utilizando minha identidade mestiça e meu sobrenome ancestral como elementos de contestação. No entanto, opto por resistir à tentação e afirmo que tanto minhas características raciais quanto as dessas pessoas são completamente irrelevantes para a solidez de nossos argumentos ou para a análise de nossas supostas intenções.

Uma batalha conceitual discreta está sendo travada no Brasil entre uma visão tradicional e não racista, que considera que mestiços nem sempre são idênticos a "negros" (visão que, por sua vez, se confunde com a perspectiva antiga e racista de que mestiços mais claros são vistos como equivalentes a "brancos"), e uma visão contemporânea resumida na fórmula "negros = pretos + pardos". "Negro" historicamente foi utilizado como sinônimo de "preto". Antes que o progressismo passasse a estigmatizar termos como "mestiço" (ou as teorias que os empregam), "mulato", "moreno", entre outros, a palavra "mestiço" não era equivalente a "pardo", uma vez que Pero Vaz de Caminha, em seus registros, se referiu aos indígenas como "pardos". Essa fórmula, que é do interesse do identitarismo racial por simplificar a dicotomia adversarial "negro *vs.* branco", já foi formalmente incorporada em legislação sancionada por Luiz Inácio Lula da Silva. Contudo, essa concepção contradiz práticas brasileiras anteriores e subsequentes, que podem ser sintetizadas da seguinte forma: no Brasil, a raça é uma questão de autodeclaração.

Enquanto o abolicionista liberal Frederick Douglass argumentava que o problema não residia nos princípios estabelecidos pela Constituição americana, mas sim no fato de que eles não estavam sendo adequadamente observados e aplicados de maneira justa aos negros ("todos os homens são criados iguais"),[14] o ativista racial contemporâneo Ibram X. Kendi propõe uma "emenda antirracista" na Constituição, além da criação de um Departamento de Antirracismo com o objetivo de garantir um enfoque específico e um tratamento diferenciado para os negros.[15]

Quando um vídeo de oito minutos mostrando a morte de George Floyd sob o joelho do policial Derek Chauvin, em Minneapolis (no estado americano de Minnesota), viralizou nos meses de maio e junho de 2020, as vendas de livros de autores identificados com o identitarismo racial, como Ibram X. Kendi e Robin DiAngelo, dispararam. *Fragilidade Branca*, obra de DiAngelo publicada dois anos antes, havia registrado vendas de apenas 18.500 cópias até aquele momento. Apenas três meses após a viralização do vídeo, o número de vendas alcançou 1,6 milhão de cópias.[16]

Durante um período, ambos os intelectuais foram considerados sumidades inquestionáveis na cultura americana, quase elevando a autoidentificação de muitos como "antirracistas" ao caráter de uma seita. Isso se deve ao fato de sustentarem uma visão não corroborada pelas estatísticas do FBI, segundo a qual a polícia possuía uma postura injusta particularmente direcionada contra a população negra nos Estados Unidos, resultando em mortes motivadas por preconceito. Poucos recordam, no entanto, que os defensores do identitarismo racial aguardavam há quase uma década por um caso que aparentasse ser uma injustiça racista tão "perfeita" quanto a de Floyd.

Anteriormente, ocorreram tumultos no país em decorrência de outros casos de negros mortos pela polícia, como Eric Garner (em Nova York) e Michael Brown (em Ferguson, Missouri), ambos em 2014. O slogan "Black Lives Matter" ("Vidas negras importam", conhecido pela sigla BLM) surgiu no ano anterior, após a absolvição de George Zimmerman pelo homicídio do adolescente Trayvon Martin. Esses quatro casos possuem um grau de complexidade elevado; meu argumento é que comprovar o envolvimento de racismo é significativamente mais desafiador do que os identitários presumem, e que o viés de confirmação presente em suas análises prejudica as investigações e exacerba as reações.

Não é aceitável, para um sistema de justiça minimamente racional, seguir os identitários de raça em suas afirmações de que, a cada vez que uma pessoa negra é assassinada, a probabilidade de o racismo ter desempenhado algum papel é elevada. Trata-se do mesmo equívoco cometido por algumas ONGs brasileiras ao presumirem, de maneira semelhante, que todo assassinato de uma pessoa LGBT decorre de homofobia.

A natureza do "antirracismo" defendido por Kendi e DiAngelo tornou-se evidente posteriormente. Kendi, em particular, enfrentou dificuldades para definir o racismo em uma palestra pública de 2021, afirmando que seria "uma coleção de políticas racistas que levam à inequidade racial e estão fundamentadas por ideias racistas". Esse discurso tautológico remete às dificuldades dos identitários *queer* de definir o conceito de "mulher" sem recorrer à repetição do próprio termo na definição. O único termo com conteúdo semântico mais claro é "inequidade", que sugere que Kendi tende a interpretar qualquer desnível estatístico entre raças como decorrente de racismo — uma interpretação que ele reforça em suas demais manifestações.

Pelo menos os dicionaristas, ao afirmarem que "racista" é a "qualidade de quem tem racismo", se preocupam em definir racismo de maneira menos circular. O dicionário Houaiss define o termo como o "conjunto de teorias e crenças que estabelecem uma hierarquia entre as raças e entre as etnias", de forma sucinta e precisa. Eu apenas incluiria o termo "moral" para especificar a natureza dessa "hierarquia". Caso um intelectual se dedique a um tema e não consiga elaborar uma definição mais precisa que a do próprio dicionário, há um problema sério.

Kendi lançou um peculiar livro infantil intitulado *Bebê Antirracista* no auge dos protestos organizados pelo movimento Black Lives Matter (BLM). "Bebês aprendem a ser racistas ou antirracistas — não existe neutralidade", afirma a obra ilustrada, que busca ensinar às crianças a necessidade de combater estruturas opressoras na sociedade.[17] A Netflix, por sua vez, optou por não adaptar o livro para uma série televisiva.

O autor alcançou o primeiro lugar na lista de *best-sellers* do *New York Times* com cinco de seus livros. O primeiro deles, intitulado *Como Ser Antirracista*, promete ensinar estratégias para a prática antirracista. Mas como Ibram X. Kendi coloca em prática seu antirracismo? Nas redes sociais, ele expressou seu antirracismo ao criticar a juíza da Suprema Corte Amy Coney Barrett por adotar crianças negras do Haiti: "Alguns colonizadores brancos 'adotaram' crianças negras. Eles 'civilizaram' essas crianças 'selvagens' segundo os modos 'superiores' dos brancos, usando-as como acessórios em suas imagens perpétuas de negação e excluindo os pais biológicos dessas crianças da 'foto da humanidade'". O intelectual, que ganhou notoriedade durante a mais intensa crise racial americana em décadas por promover o "antirracismo", na verdade expressa uma postura racista. Este é o poder de inversão do identitarismo.

Kendi recebeu 55 milhões de dólares para fundar o "Centro de Pesquisa Antirracista" na Universidade de Boston e conduzir estudos sobre o tema. Até o momento, nenhum estudo relevante foi publicado, e Kendi tornou-se alvo de suspeitas de uso indevido dos recursos. Como consequência, foi forçado a demitir metade de sua equipe. E qual foi a justificativa de Kendi para sua parcial queda em desgraça? Curiosamente, membros anônimos do próprio centro relataram ao *New York Times* que até eles foram acusados de racismo pelo próprio Kendi.[18]

Serei breve ao tratar de Robin DiAngelo, intelectual branca que iniciou suas atividades "antirracistas" na década de 1990, ministrando cursos de "sensibilidade" em empresas, que geram tanto desconforto que fazem os funcionários considerarem se retirar para tomar uma dose letal de cianeto. Em 2023, DiAngelo declarou: "As pessoas de cor precisam se afastar dos brancos e formar comunidades exclusivamente entre si". Isso nos leva à inevitável questão: tal proposta incluiria a segregação de bebedouros para pessoas negras e brancas?

Semanas antes, o cartunista Scott Adams, criador da série *Dilbert*, fez uma declaração semelhante, sugerindo que pessoas brancas deveriam se segregar para se protegerem de pessoas negras — uma afirmação que foi ampla e acertadamente classificada como racista. No passado, racistas se referiam aos não brancos como "colored people" (pessoas de cor). Atualmente, os identitários promovem o uso do termo "people of color", que também se traduz literalmente como "pessoas de cor". A normalização de um vocabulário racista: esse é um dos efeitos do identitarismo.

Apesar da popularidade e dos lucros obtidos, Kendi e DiAngelo são representantes de qualidade inferior da chamada "teoria crítica da raça", que não faz jus ao termo "teoria" e tampouco é "crítica" no sentido racional. Existem autores mais talentosos e estrategicamente articulados, como Angela Davis e Kimberlé Crenshaw (ver capítulo 2).

Os principais expoentes da chamada "teoria crítica da raça" afirmam abertamente que desaprovam o consenso estabelecido durante a década de 1960, liderado por Martin Luther King Jr. "O aspecto do nosso trabalho que mais nos diferencia dos estudos acadêmicos em direito sobre raça, sejam liberais ou conservadores, é uma profunda insatisfação com o discurso tradicional sobre direitos civis", afirmam Crenshaw e coautores.[19] Mas qual é o discurso de direitos civis que os incomoda? Trata-se do que os americanos denominam "cegueira à cor": a proposta de tratar todas as pessoas de maneira igualitária, desconsiderando variações fenotípicas por serem consideradas irrelevantes. Em vez dessa neutralidade, os intelectuais fundadores da "teoria" "crítica" da raça querem "consciência racial", ou seja, que as pessoas salientem a raça em suas identidades sociais e suas atividades políticas.

Essa é uma fórmula comprovada para fomentar o racismo, como demonstrado por acadêmicos de maior relevância: o casal John Tooby e Leda Cosmides, renomados pesquisadores da psicologia evolucionista. A pesquisa empírica e experimental conduzida pelos autores indicou que o racismo não é uma característica inata, mas o tribalismo, sim. Quando as pessoas são encorajadas a se dividir com base em características raciais, cria-se um ambiente favorável para a expansão do racismo. O estudo seminal desenvolvido por eles foi replicado com sucesso por outros pesquisadores, validando suas conclusões.[20] Assim, a tradição científica mais respeitável — por ser fundamentada em racionalidade e objetividade — demonstra que a tradição intelectual identitária está profundamente equivocada.

COTAS RACIAIS, O IDENTITARISMO QUE NÃO GANHA ESTE NOME

Embora raças humanas existam, isso não implica que seja uma boa ideia que o Estado as utilize para diferenciar o tratamento aos cidadãos. Essa prática, sugiro, é o que se denomina racialismo, e carrega um risco imediato de gerar conflitos (como demonstrado por Tooby e Cosmides). No momento em que o Estado passa a usar as raças, favorecendo algumas sobre as demais com desculpas bastante controversas como "pagar dívida histórica" (quem paga aos escravos, de cujo nome veio a palavra "escravo"?), fazendo arqueologia de ressentimentos antigos que inevitavelmente transbordam em ressentimentos novos, há resultados sociológicos previsíveis. O primeiro efeito é a desestabilização das identidades raciais, levando as pessoas, de forma consciente ou inconsciente, a reinterpretarem a própria identidade para obter benefícios por meio de políticas de tratamento diferenciado. Indivíduos tendem a ajustar suas condutas de acordo com os incentivos oferecidos. O segundo é uma pressão concomitante para tornar mais objetivos os critérios que definem quais grupos devem ser favorecidos.

Esse último resultado tornou-se uma prática recorrente nos noticiários brasileiros. As universidades têm implementado "comissões de heteroidentificação de autodeclaração", as quais críticos, como eu, chamam mais precisamente de tribunais raciais. Em síntese, trata-se de uma medida que anula a validade da autodeclaração, subordinando-a a um comitê composto, na maioria das vezes, por ativistas identitários. Não é necessário confiar apenas na minha palavra: ao estabelecer seu comitê de heteroidentificação em 2017, a Universidade Federal do Rio Grande do Sul (UFRGS) declarou que estavam entre os critérios para a escolha dos membros a "aderência à Política de Ações Afirmativas" e a "representatividade nos movimentos sociais".[21] Apenas alguém profundamente imerso em tribalismo político e cínico o suficiente para favorecer constantemente seu próprio grupo deixaria de enxergar nessa prática a imposição de um critério ideológico.

Atualmente, alguns críticos do identitarismo sustentam que a defesa das cotas raciais não se insere nesse fenômeno cultural e político. Vamos revisitar a definição de identitarismo apresentada no capítulo 2. Os principais pontos podem ser organizados de forma estruturada a seguir.

Tratamento especial e diferenciado para grupo: é o que as cotas raciais fazem.

Preferência estética por padrões contraestereotípicos: a defesa das cotas se fundamenta na premissa de que, se a comunidade acadêmica não reflete proporcionalmente a composição racial do país, isso deve ser fruto de alguma forma de injustiça e, portanto, é considerado algo repugnante de se ver.

Perseguição dos alegados interesses de um grupo ao ponto da indiferença à justiça ou de causar injustiça: que as cotas raciais geraram injustiças torna-se evidente, ao menos para os jovens que foram submetidos aos tribunais raciais, os quais anularam sua autodeclaração como negros ou pardos sob a alegação de fraude em um contexto no qual a autodeclaração racial é oficialmente aceita como critério de identificação no país.

As políticas de cotas surgiram antes da atual onda identitária. Seus defensores frequentemente argumentam que as cotas têm caráter temporário, possivelmente como um reconhecimento do risco moral inerente ao tratamento diferenciado de cidadãos com base em características fenotípicas superficiais. Essa prática remete aos ecos da ciência racista do início do século XX, das políticas de segregação do Apartheid e até mesmo dos anúncios de venda de escravos nos jornais brasileiros do século XIX.

Frequentemente, o sucesso das políticas de cotas raciais é avaliado com base no número de indivíduos com o fenótipo favorecido presentes em universidades ou ocupando cargos públicos onde essas políticas foram aplicadas. No entanto, essa métrica de sucesso revela-se circular. Seria como avaliar o sucesso da inclusão de um novo ingrediente em um biscoito apenas pelo fato de que os biscoitos agora contêm o ingrediente adicionado. Isso seria inadequado, pois o verdadeiro objetivo de produzir biscoitos é agradar aos consumidores e impulsionar as vendas.

Qual é a finalidade da universidade? A Constituição Federal estabelece que a universidade deve atuar com base em três pilares: pesquisa, ensino e extensão.

Não se trata de um "quadripé", em que o quarto pilar seria a "justiça social", conforme interpretada pelo progressismo identitário, que frequentemente visa desestruturar padrões legais e normas sociais consolidadas de tratamento igualitário. Apresentei esse argumento em uma audiência pública no Senado Federal em setembro de 2023. Naturalmente, minha argumentação não prevaleceu, uma vez que não há um movimento político anti-identitário consolidado no Brasil que reconheça as cotas raciais como uma expressão de identitarismo. Ainda assim, ficou evidente que incomodei parte dos presentes.[22]

Um efeito das cotas raciais, simultâneo ao aumento da diversidade de fenótipo, é a redução da diversidade de ideias, o que representa uma consequência preocupante para instituições cujo objetivo é a busca pela verdade. Dessa forma, os dogmas ideológicos já presentes nos *campi* são ainda mais fortalecidos. A ausência de discrição em relação a esse aspecto ficou evidente na UFRGS. Naquele período, a instituição também comunicou que as "comissões de heteroidentificação", criadas para identificar possíveis "fraudes", deveriam considerar, "além da cor da pele", o "tipo de cabelo, formato do nariz e dos lábios".

Uma instituição implementou essa proposta de maneira tão explícita que gerou desconforto até entre os defensores das cotas raciais. No ano de 2016, o Instituto Federal de Educação, Ciência e Tecnologia do Pará (IFPA) incluiu, em um processo seletivo, uma tabela anexa com "padrões avaliativos" para determinar se uma pessoa deveria ou não ser beneficiada pelas cotas raciais. Foram definidos nove fenótipos a serem considerados, subdivididos em características como nariz "curto/largo/chato (platirrinos)", "crânio dolicocélico", "dentes muito alvos e oblíquos" e "testa estreita e alongada nas laterais".

Reintroduzir jargões da ciência racial do início do século XX e empregar o termo "platirrinos" para descrever seres humanos, um termo que é utilizado exclusivamente na biologia moderna para classificar os macacos do Novo Mundo (Américas), é um exemplo claro do impacto do identitarismo.

Uma indagação que proponho aos defensores das cotas raciais, que se mostram igualmente chocados com esse caso assim como eu, mas para a qual nunca obtive uma resposta satisfatória, é a seguinte: em que as comissões de "heteroidentificação" se diferenciam positivamente desse exemplo? Afinal, qual foi o erro cometido pelo IFPA? O erro, a meu ver, já foi abordado no parágrafo anterior. No entanto, para os defensores das cotas, não é evidente onde exatamente se encontra a falha da instituição. Seria pelo fato de ter sugerido mensurações mais precisas do que as usualmente realizadas de forma subjetiva pelos tribunais raciais das universidades e bancas de concursos? Ou porque a aplicação de instrumentos de mensuração como o paquímetro substituiria a observação visual ("olhômetro")? Estaria, então, a imoralidade associada à precisão do instrumento utilizado?

A superação do identitarismo racial, enquanto uma resposta ineficaz ao problema do racismo, não será alcançada em qualquer sociedade que continue a adotar a implementação de cotas raciais.

> **Caso 5.** Saartjie Baartman, cujo nome é pronunciado em holandês como "Sarinha Baartman", nasceu na África do Sul em 1789, ano da Revolução Francesa. Na primeira década do século XIX, quando se apresentava para plateias de Londres, era conhecida por outro nome, mais lascivo: a Vênus Hotentote.[23] O termo "hotentote" é conhecido entre os espíritas, mas está em desuso; atualmente, a denominação correta seria "khoisan", um nome que se refere a dois grandes grupos do sul do continente, cujas línguas incorporam cliques. "Hotentote" também sugeria características específicas ao público, que já conhecia a fama das mulheres khoisan por possuírem grandes glúteos e lábios vaginais alongados. Sara apresentava ambas as características e costumava usar roupas coladas que imitavam a cor de sua pele, mal cobrindo seus mamilos. Em um evento ocorrido em 1810, uma mulher invadiu o palco para cutucar seus glúteos com um guarda-sol, querendo verificar se eram naturais. Outro *gentleman* subiu ao palco e fez o mesmo com sua bengala. Vendo a cena deplorável, o famoso ator John Kemble, após a dispersão da multidão devido ao encerramento prematuro do espetáculo, exclamou "pobre criatura!" e questionou o "empresário" da africana, Hendrik Cesars, sobre o bem-estar da moça. Grata pela preocupação, ela fez um gesto de gratidão e disse "O ma baba!", que Kemble interpretou corretamente como um tratamento direcionado a um pai ou homem respeitável. No anúncio publicado por Cesars nos jornais londrinos, ela era descrita como "um exemplar perfeito dessa raça de pessoas [...], com todos os ornamentos rudimentares, [...] um maravilhoso espécime da raça humana". Durante suas apresentações, Sara cantava, dançava e tocava dois instrumentos de corda, um deles uma rabeca tradicional khoisan de apenas uma corda, muito difícil de dominar. Porém, a maioria da plateia estava interessada em suas características raciais "exóticas". Vários acontecimentos levaram Sarinha Baartman a virar atração de circo em Londres: na década anterior a seu nascimento, o povo criador de gado

ao qual pertencia (profissão de seu pai) teve suas terras tomadas por um fazendeiro holandês que ignorou direitos de pastagem milenares, roubou gado, expulsou as pessoas, raptou e estuprou meninas e mulheres. Aos 17 ou 18 anos, Sara comemorava seu noivado quando as fogueiras da celebração atraíram uma turba de "bárbaros europeus" (palavras dela) que mataram seu noivo e seu pai. O grupo a raptou e a obrigou a andar até a Cidade do Cabo, onde ela terminou sob a custódia do irmão de seu futuro "empresário", como ama de leite. "Com mil insultos, fomos postos em árvores flutuantes, onde não víamos nada além do mar e das nuvens", ela contou. O pingente de casco de jabuti dado pelo noivo se tornou seu talismã para o resto da vida. Em Londres, meros três anos após a abolição do comércio de escravos no país, não se sabia se Sara era escrava ou uma serva de contrato. Em ao menos uma exibição, ela chorou e implorou a Cesars para parar, que ergueu um pedaço de bambu em resposta, para persuadi-la a continuar. Abolicionistas processaram Cesars dizendo que Sara estava a contragosto na Inglaterra. Nos autos do processo consta uma entrevista em que ela diz estar contente em permanecer no país. O tribunal decidiu a favor do holandês, mas ordenou que as apresentações indecentes parassem. Elas continuaram de forma clandestina, e três anos depois Sara foi vendida para um adestrador de animais em Paris, onde passou a ser exibida com um grilhão no pescoço ao lado de um urso, 12 horas por dia. Ela morreu no inverno de 1815, de causas desconhecidas. O naturalista Georges Cuvier, a quem ela tinha recusado se exibir nua para observações científicas em vida, obteve seu corpo um mês após a morte. Cuvier fez um molde em gesso do cadáver, usado para criar uma réplica. Ele a dissecou, removeu seu cérebro e genitália, preservando-os em jarros, e montou seu esqueleto para acompanhar a réplica em exibição. A exibição perdurou até 1974. Vinte anos depois, quando Nelson Mandela se tornou presidente da África do Sul, ele pediu a repatriação dos restos mortais de Sara Baartman. Os franceses recusaram. Só em 2002, quase dois séculos depois de sua saída, e exatamente um século após o primeiro uso registrado da palavra "racismo", finalmente a pobre mulher retornou à sua terra e foi sepultada em uma modesta cerimônia.

CASO 6. A escola *Covenant*, em Nashville, no estado americano do Tennessee, oferece educação para crianças da pré-escola até o sétimo ano do ensino fundamental. De base presbiteriana, seu nome é uma referência à aliança relatada na Bíblia entre Deus e a humanidade, como a simbolizada pelo arco-íris após o dilúvio do Gênesis. Na manhã de 27 de março de 2023, a rotina da escola foi interrompida tragicamente por Audrey Elizabeth Hale, uma jovem de 28 anos que se identificava como "transgênero" e preferia o nome Aiden.[24] Hale chegou à *Covenant* às 9h54. Três minutos depois, ela mandou uma mensagem no Instagram informando a uma amiga que sua postagem anterior era uma nota de suicídio. Portando dois rifles e uma pistola, Hale atirou em portas de vidro e entrou na escola às 10h11. Enquanto isso, a amiga chamava a polícia, que chegou à cena, matando Hale às 10h27. Nos 15 minutos de presença na escola, Hale atirou 150 vezes, matando a esmo três crianças de nove anos de idade: Evelyn Dieckhaus, William Kinney e Hallie Scruggs; a professora substituta Cynthia Peak e o tutor Mike Hill, ambos com 61 anos; e a diretora Katherine Koonce, de 60 anos. Hale era uma ex-aluna da *Covenant*, onde estudou aos 10 anos. Não tinha ficha criminal. A polícia diz que ela planejou o ataque por meses e que estava em tratamento por transtornos emocionais. As autoridades, a escola e muitos dos pais dos alunos resistiram a publicar o diário de Hale contendo os planos, que alguns chamaram de manifesto. Em novembro, o influenciador conservador Steven Crowder vazou três páginas do diário, cuja autenticidade foi confirmada pela polícia. Em uma página escrita na data do ataque, Hale diz que está nervosa, mas empolgada há duas semanas. "Que Deus faça a minha ira tomar conta da minha ansiedade", ela comenta, prevendo que terá no máximo 10 minutos. "Espero que minha contagem de corpos seja alta." Outra página, com data do mês anterior, ela começa com: "Mate aquelas crianças!!! Aquelas branquelas, indo para escolas privadas chiques, [...] com os Mustangs dos seus papais, conversíveis. [...] Quero matar todas vocês, suas branquelinhas!!! Bando de bichinhas com seus privilégios brancos". Comentando o vazamento, o jornal *Washington Post* chamou Crowder (não Hale) de homofóbico e reclamou de quem concluía que o diário confirmava motivações ideológicas de cunho identitário, citando um manifesto falso que circulou meses antes que mencionava "direitos trans". Na mesma matéria, o jornal não teve problemas em chamar de "supremacista branco" um outro atirador que matou dez pessoas em um supermercado no ano anterior, com base na raça das vítimas e nas próprias palavras do assassino.[25] Logo após o ataque de Hale, múltiplas contas de pessoas com aparente adesão ao identitarismo nas redes sociais reclamaram que a imprensa não estava respeitando a identidade de gênero neutra ou masculina da assassina.

7. DEFICIÊNCIA E RESILIÊNCIA

Há um tremendo papo furado a respeito do 'verdadeiro eu' que emerge 'da doença' (que não seria o seu eu), mas isso está do avesso. O seu eu verdadeiro é o seu eu doente. É o eu que assusta as pessoas. O seu eu verdadeiro é aquele que não consegue manter um emprego ou amigos, não consegue manter um relacionamento, trata as pessoas tão mal que ninguém quer saber de você. O seu eu medicado é apenas melhor.

— Emmett Rensin, ensaísta diagnosticado com transtorno esquizoafetivo do tipo bipolar, em sua autobiografia brutalmente honesta.[1]

Vamos ser honestos. Posso fazer o que eu quiser. Tudo o que eu fizer é inspirador. Estou acima da lei. Grand Theft Auto, aquele jogo? É uma segunda-feira para mim. Posso fazer, sou deficiente. Quem vai dizer não? É ilegal.

— Tina Friml, humorista com paralisia cerebral.

A comunidade da deficiência é a única minoria da qual todos faremos parte em algum ponto das nossas vidas.

— Tina Friml.

Segundo o aplicativo ligado à minha balança de impedância, meu status é de obesidade. O gráfico de acompanhamento do meu peso nos últimos dois meses se assemelha às ondas do mar sobre as quais cantou o meu "colega de adiposidade", Tim Maia. Entretanto, ao contrário da tranquilidade evocada pela canção, o aplicativo busca me alertar: estou no meio da categoria "pesado demais", em vermelho berrante. A única métrica em que ganho a classificação "excelente" é a massa óssea. Posso, portanto, recorrer à justificativa de Eric

Cartman: "Não sou gordo, só tenho ossos largos". Adotar o autoengano, porém, seria complicado, pois o Índice de Massa Corporal não mente e não posso justificá-lo alegando excesso de músculos.

Posso manter o bom humor a respeito, pois, ao expandir o gráfico para a cobertura de um ano, há uma queda de peso quase vertiginosa, baseada em um hábito adquirido de longas caminhadas e preciosos conselhos do meu nutricionista. Descobri ao longo dos anos que não sou tão indisciplinado quanto pensei (ou quanto diziam na minha infância): antes de adotar a balança de cozinha e a contagem de calorias, me abstive de carne vermelha por quatro anos e fui vegetariano por um ano (período em que mais engordei). Os quatro anos sem carne vermelha se basearam em argumentos éticos formulados de maneira incompleta, uma tentativa de meio-termo entre o consumo irrefletido de alimentos e o radicalismo das saladas. Além de comemorar minha perda de peso, posso comemorar que nunca me convenceram os argumentos de meia tigela (de brigadeiro) do identitarismo aplicado à obesidade.

A obesidade é, na forma extrema, debilitante, mas não deficiência. Vale examinar o identitarismo aplicado à primeira antes de chegar à última.

IDENTITARISMO DE OBESOS ESTÁ FADADO A DESMORONAR SOB O PRÓPRIO PESO

Os ativistas do movimento "plus size", que criticaram severamente as cantoras Adele e Marília Mendonça por perderem peso, representam claramente uma ramificação do identitarismo. Elas foram acusadas de traição, de uma forma análoga ao que fazem os identitários de raça quando chamam de "palmiteiros" os "negros" que ousam namorar pessoas "brancas".

Entretanto, essa aplicação do arsenal identitário tende ao fracasso por duas razões principais: a estética e a saúde.

O fato de ainda não ter surgido um movimento identitário contra a "feiofobia" é uma pista para essa autodestruição. Excetuando-se alguns humoristas, são raras as pessoas que se autodeclaram feias para protestar contra tratamentos discriminatórios e o suposto "privilégio dos bonitos". Não faltam estudos mostrando uma clara vantagem econômica em ser bonito, sinais até mais objetivos que outras alegações de impacto da "opressão" feitas pelos identitários. Um estudo longitudinal realizado em Wisconsin, por exemplo, evidenciou que um ponto adicional em uma escala de beleza facial resultou em um aumento de quase sete pontos em um índice socioeconômico para mulheres e seis pontos para homens. Em termos comparativos, o acúmulo de experiência profissional, mensurado pela idade, corresponde a apenas metade desse impacto.[2]

Apesar de todo o "esperneio" habitual nas universidades e entre os ativistas progressistas, a afirmação de que "beleza é uma construção social" não corresponde à realidade. O que os seres humanos consideram atraente tem uma estabilidade específica entre diferentes culturas e ao longo das eras.[3] É claro que há uma enorme variedade de tendências e modas, mas há uma razão entre cintura e quadril preferida por aqueles que se atraem por mulheres e uma razão entre ombro e quadril preferida por quem sente atração por homens. Quando o acúmulo de peso atinge determinados pontos, essas proporções preferenciais se perdem, tornando uma pessoa obesa pouco atraente para a maioria dos indivíduos, salvo para aqueles que possuem uma atração específica por alta adiposidade.

A beleza que vemos em paisagens, árvores ou nas profundezas das nebulosas Universo afora pode ser outra história, mas quando se trata do que chama a nossa atenção e nos dá prazer de ver em outras pessoas, é algo praticamente impossível de ter passado despercebido pelo olho atento da seleção natural. Isso é verdade não apenas para os corpos saudáveis, de volumes bem distribuídos que acendem a paixão, mas também para a fofura dos bebês, replicada nos animais que escolhemos como companheiros. Coitados dos pugs e dos gatos persas, selecionados para terem olhos proeminentes numa face achatada como a dos nossos bebês até o ponto de adoecerem.

A outra semente da autodestruição do identitarismo gordo é a saúde. Resumindo os resultados dos estudos científicos, não existe um nível seguro de obesidade. Sim, a gordura visceral é mais arriscada que a gordura subcutânea, mas ambas aumentam risco de complicações de saúde.[4]

A designação de "obesidade mórbida" não é utilizada sem motivo: basta observar os casos dos pioneiros do ativismo contra a chamada "gordofobia". Jason Docherty, aos 46 anos, morreu de complicações da pneumonia em 2014. Catherine Oakson, aos 49 anos, morreu de infarto em 2017. Cat Pausé teve morte súbita em 2022, aos 42 anos. Jamie Lopez, aos 37 anos, morreu em decorrência de complicações cardíacas no mesmo ano. Essa lista poderia continuar. Mesmo para um arcabouço ideológico tão sedutor quanto o identitarismo, encorajar uma atitude de negligência à saúde, chegar a flertar com a morte, é um preço alto demais a ser pago.

Portanto, a obesidade se mostra uma péssima candidata à incorporação de discursos identitários, apesar das tentativas constantes observadas na última década. Entre morrer cedo e ceder aos "padrões da sociedade", ao menos tomar medicamentos pioneiros como Ozempic e Mounjaro, podemos apostar que grande parte dos ativistas contra a "gordofobia", se puderem, optarão pela hipocrisia. É preferível ser um hipócrita bonito e saudável que uma pessoa que procura "integridade" na feiura e na morte.

Certamente, não defendo que pessoas com obesidade sejam tratadas de forma cruel. Há razões evolutivas pelas quais somos todos tão glutões: o ambiente em que nossa espécie surgiu era pobre em calorias, e um apetite aumentado nas raras condições de abundância era uma estratégia de sobrevivência. Adquirir bons hábitos alimentares e práticas de atividade física é um desafio educacional para mim, não apenas para pessoas com obesidade, mas para qualquer um, incluindo aqueles que mantêm um peso corporal baixo, mas têm uma alimentação inadequada. O argumento aqui é que as ferramentas do identitarismo agravam essa situação e desinformam as pessoas, ao prometer falsamente que elas podem ser belas e saudáveis mesmo se alimentando em excesso, tratando qualquer noção de estética e saúde que as coloque em desvantagem como uma conspiração da indústria da moda e da medicina, a ser desfeita pela retórica da problematização e pela exigência de mais "direitos". Doce ilusão.

IDENTITARISMOS CONTRA "CAPACITISMO" E "PSICOFOBIA" SÃO MAIS BEM-SUCEDIDOS

Mais bem-sucedidas foram as aplicações do identitarismo às condições do corpo e da mente que antes eram agrupadas sob o rótulo "deficiência". Entretanto, trata-se de uma área em que o principal desafio para os adeptos é a rápida substituição de rótulos, acompanhando o que o psicólogo Steven Pinker descreve como a "esteira dos eufemismos".

Nessa esteira, é preciso correr para ficar no mesmo lugar. O processo funciona da seguinte maneira: especialistas propõem um termo técnico para designar indivíduos com maiores dificuldades mentais ou físicas. Em pouco tempo, o termo é apropriado pela sociedade e passa a ser utilizado de uma maneira que é percebida como pejorativa. Posteriormente, surgem novos termos, que seguem pelo mesmo processo e desgaste semântico. Exemplos de termos inicialmente neutros e puramente técnicos, aplicados a problemas físicos e mentais: "retardado", "débil mental", "imbecil", "idiota" e "cretino".

A origem técnica do termo "retardado" possui uma intenção neutra: na física, um movimento retardado refere-se a um deslocamento que ocorre de maneira progressivamente mais lenta. O conceito de "retardo mental" sugere que o indivíduo possui uma dificuldade cognitiva temporária e que, com um tempo de desenvolvimento ampliado, pode alcançar o mesmo nível de capacidade dos demais. Esse cenário se aplica a determinadas deficiências mentais, mas não a todas. Há algumas nas quais a possibilidade de alcançar a média populacional é inexistente.

No entanto, é inescapável que, no desenvolvimento linguístico, o significado das palavras é dado pelo uso. Dessa forma, "retardado" passou a ser utilizado de maneira pejorativa e cruel em relação às pessoas com deficiência após ser repetidamente aplicado em contextos depreciativos.

Contudo, essa prática de crueldade exige uma análise mais aprofundada. Acompanhando a tendência de rotular cada tipo de preconceito, criou-se para ela o termo "capacitismo" (derivado do inglês "*ableism*"), introduzindo o enfoque identitário aplicado a questões como "racismo", "homofobia" e "machismo" neste contexto.

Atualmente, o Instituto Federal de Santa Catarina, por exemplo, define "capacitismo" como "um olhar de pena, uma pergunta invasiva, uma tentativa de elogio ou até um ditado popular".[5] A instituição alerta que aqueles que cometem tais atos podem ser punidos com pena de prisão de dois a cinco anos, conforme estipulado pelo Estatuto da Pessoa com Deficiência de 2015. Assim, embora se enfatize a necessidade de empatia, caso essa se manifeste como um olhar de pena, corre-se o risco de ir para a cadeia.

Entidades de psicologia, psiquiatria e medicina em todo o Brasil, com respaldo de tribunais e apoio de autoridades do Legislativo e do Executivo, propuseram mais um termo dentro do "capacitismo": a "psicofobia". Esse conceito abrange comportamentos preconceituosos e discriminatórios direcionados a indivíduos com transtornos mentais. Um termo amplamente difundido no contexto do autismo sugere que não se trata de uma doença ou deficiência, mas sim de uma "neurodivergência" ou "neurodiversidade". Embora nem todo uso desse vocabulário tenha um caráter identitário, a transição do foco em autonomia e bem-estar das pessoas com deficiência e transtornos para um discurso identitário é, muitas vezes, favorecida por essa terminologia.

O LADO POUCO MENCIONADO DA ESTEIRA DOS EUFEMISMOS

Certamente, há uma minoria da população com traços de personalidade sombrios (parte delas diagnosticáveis com seus próprios transtornos de personalidade) que manifestam sadismo ao se depararem com pessoas em cadeiras de rodas ou que apresentam dificuldades severas de comunicação.

Contudo, essa não é a totalidade do contexto relacionado à "esteira dos eufemismos". O ponto que falta considerar é o seguinte: a maioria das pessoas não preferiria estar confinada a uma cadeira de rodas, gostaria de falar, ouvir e enxergar normalmente, ter plena autonomia, não enfrentar dificuldades sociais ou exibir comportamentos e humores que gerem desconforto e estranhamento em outros. Esse é um receio compreensível, ainda que às vezes exacerbado, pois há um consenso mínimo sobre quais habilidades são necessárias para que um indivíduo viva com plena autonomia, liberdade e bem-estar. Além disso, nenhuma quantidade de manipulação linguística politicamente correta ou tentativa de adequação ao viés da desejabilidade social é capaz de modificar essa percepção.

É essa manipulação que o ensaísta esquizoafetivo Emmett Rensin critica na citação que abre este capítulo. Rensin, habilidoso com as palavras, em sua autobiografia, não se limita a relatar as crueldades históricas sofridas por pessoas com doenças mentais; ele também critica a retórica superficial de ativistas e acadêmicos que "mantêm um compromisso quase uniforme com a incansável e exclusiva ênfase na *opressão social* dos chamados loucos, tanto pela psiquiatria quanto por uma sociedade confusa e amedrontada". Nesse ponto, os identitários da deficiência encontram respaldo de Michel Foucault e sua horda de discípulos acadêmicos, além do apoio controverso da seita da Cientologia.

Enquanto os identitários das minorias sexuais utilizam siglas desnecessariamente longas como "LGBTQIAPN+", os identitários das questões de deficiências sugeriram novos termos para a sequência dos eufemismos, como o absurdo "afetados psicobiossociopoliticocorporeomentalmente", conforme relatado por Rensin. Em uma clara demonstração de adesão ao ecumenismo identitário promovido pela "interseccionalidade", esses ativistas "dedicam muito tempo a documentar o abuso obsceno da clínica psiquiátrica contra pessoas negras e *queer* e mulheres, e, embora essa seja uma história digna de documentar, esses esforços raramente dão em dizer o que precisa ser feito com pacientes psiquiátricos reais uma vez que os falsamente acusados tenham sido todos libertados".

Frequentemente, o único benefício gerado pela abordagem identitária na psiquiatria é o acréscimo de conteúdos para currículos acadêmicos, sem a apresentação de soluções. Como de costume, o identitarismo não tem soluções, só problematizações. De modo semelhante ao argumento de que a linguagem neutra prejudica as pessoas cegas, uma vez que os leitores eletrônicos enfrentaram dificuldades para interpretar arrobas, Xs e Es fora de lugar, movimentos antipsiquiatria que possuem fundamentos legítimos, como o que visa desestigmatizar pessoas que ouvem vozes,[6] acabam prejudicados por novas demandas de inclusão advindas de indivíduos que se autodiagnosticam ou desejam "*queerizar* a loucura".

Um paralelo adicional entre os identitarismos é que, além do contágio social de autodeclarações LGBT entre os mais jovens, já foi apresentado um contágio social no TikTok relacionado a autodiagnósticos psiquiátricos — incluindo alguns já obsoletos, como o de "múltiplas personalidades" — e até a manifestações de tiques característicos de supostos portadores da síndrome de Tourette. Novamente, as meninas despontam como o principal grupo afetado pelo contágio social de supostas deficiências.[7] Conforme destacado por economistas, trata-se de uma questão de incentivos: se os jovens internalizam a ideia de que, na atmosfera cultural atual, marcada pelo identitarismo, devem aspirar a serem identificados como pessoas com dificuldades, pois assim ganham a simpatia do público e das autoridades, esses jovens acabam encontrando tais dificuldades, mesmo que por meio do autoengano.

ESTRAGOS QUE A ABORDAGEM IDENTITÁRIA JÁ TROUXE PARA OS DEFICIENTES

Toda pessoa plena precisa atingir um nível de maturidade na vida em que aceita suas limitações, mas não desiste de seu crescimento pessoal. É um equilíbrio delicado entre não se deixar conformar, mas não se autoflagelar. Não é diferente para deficientes e aqueles que lhes querem bem.

O autismo tem apresentado um crescimento significativo em todo o Ocidente, e ainda não há consenso sobre os motivos para esse aspecto. Nos Estados Unidos, observou-se um aumento de 400% nos diagnósticos de autismo ao longo de 16 anos. Há vozes dissidentes dentro da própria psiquiatria, como a de Allen Frances, que denuncia que a alteração nos critérios tornou os diagnósticos amplos demais, em sua opinião. A síndrome de Asperger, anteriormente como uma dificuldade social que atinge indivíduos plenamente capazes de comunicação verbal, como o bilionário Elon Musk, foi inserida ao diagnóstico de "transtorno do espectro autista", englobando desde pessoas com quadros mais brandos até aqueles que apresentam um quadro severo, com comportamentos repetitivos, sensibilidades sensoriais e ausência de fala (os "autistas clássicos", por assim dizer).

Com essa mudança semântica e técnica, sugeriu-se um aumento na visibilidade de indivíduos como Temple Grandin, uma intelectual autista que criou métodos mais humanitários para o abate de gado. Grandin e outros defendem que a sociedade compreenda melhor o espectro autista, promovendo a acessibilidade de diferentes tipos de funcionamento mental e reconhecendo que a natureza humana não se limita a padrões de alta sociabilidade e agradabilidade, que privilegiam, em vez de evitar, ambientes ruidosos como festas regadas a álcool. Tal reivindicação é legítima.

Entretanto, ao incluir autistas não verbais nesse movimento inclusivo (e às vezes identitário), surgiram também consequências negativas, como relata a advogada californiana Jill Escher, mãe de dois jovens adultos autistas não verbais, Jonathan e Sophie. Anteriormente comuns na Califórnia, os empregos para pessoas com deficiência que ofereciam salários inferiores ao salário mínimo foram eliminados, devido à pressão de ativistas que consideram essa prática psicofóbica e capacitista. Esse erro é similar ao dos socialistas que ignoram que o aumento do salário mínimo determinado pelo Estado pode ter como consequência o fechamento de vagas.

Argumentar que pessoas com deficiência recebem oportunidades de crescimento pessoal por meio dessas vagas é ineficaz, pois os defensores do identitarismo das deficiências costumam afirmar que não existe propriamente uma deficiência, mas apenas uma "diversidade". Segundo Escher, essa situação "significa que pessoas como os meus filhos perderão a única chance de obter um trabalho estruturado, sustentado e produtivo, sendo assim empurradas ainda mais para as margens da sociedade".

"A ascensão recente do movimento identitário da 'neurodiversidade', no qual o autismo é reinventado como uma diferença natural para ser celebrada, não investigada, prevenida ou tratada, contribuiu para disseminar uma atitude de complacência sobre o mundo do autismo", criticou Escher, que também vê atravancamento identitário na pesquisa científica, pois as revistas especializadas "publicam com frequência artigos de ativistas que fazem policiamento de linguagem", impondo um tabu contra qualquer debate sobre prevenção.

A mãe de dois jovens autistas expressa ceticismo em relação ao conceito do "espectro", que ela chama de "guarda-chuva absurdo". Existem evidências genéticas que sustentam sua visão: um estudo sobre a base genética do autismo indicou que a dificuldade em desenvolver a fala deveria ser um dos critérios principais do diagnóstico.[8] Atualmente, não é o que acontece.

É evidente o absurdo na tentativa de "identitarizar" as deficiências. Se a abordagem adotada no caso do autismo fosse contínua a todas as deficiências, isso implicaria a interrupção de pesquisas que pudessem oferecer a paraplégicos e tetraplégicos a regeneração medular que poderia restaurar a mobilidade de seus corpos. Nesse contexto, a oposição à realidade seria intensa demais, e acredito que esses identitarismos seriam tão fadados ao fracasso quanto o aplicado à obesidade. Entretanto, isso não impede que haja tentativas de estabelecê-los, nem que causem mais danos. Caso o tema seja abordado exclusivamente como uma questão de combate a preconceitos e discriminações e de promoção de inclusão, desconsiderando os anseios individuais por autoaperfeiçoamento, isso garantirá ainda mais prejuízos no futuro.

Concluímos com mais um exemplo relevante nessa linha. A abordagem identitária, ou no mínimo unidimensional no que tange à oferta de cuidados e mitigação de danos, já foi incorporada pelo movimento antimanicomial. É evidente que ninguém deseja o retorno de instituições como Hospital Colônia de Barbacena (veja o Caso 7, mais adiante). No entanto, em meio à onda de ativismo judicial que assola o Brasil nos anos 2020 e ressuscitou a censura — frequentemente utilizando justificativas e vocabulário de caráter identitário —, o Conselho Nacional de Justiça decidiu pelo fechamento de todos os "manicômios judiciários" do país, gerando o risco de liberar indivíduos transtornados e perigosos para as ruas. Até o momento em que redijo este texto, o prazo estipulado para o fechamento de todos os manicômios judiciais, que abrigaram 2.276 internos, expirou há meses. Contudo, conforme relatado pela *Folha de S.Paulo*, diversos estados e municípios não conseguem cumprir a determinação devido à carência de recursos e à ausência de profissionais de saúde capacitados para atender esses pacientes no Sistema Único de Saúde, conforme previsto pelo CNJ.

Mantenho uma visão pessimista em relação ao futuro do movimento antimanicomial e suas obsessões, que raramente dialogam com a ideia de responsabilidade individual, um conceito aplicável mesmo a indivíduos com transtornos.[9] Dadas as visões políticas predominantementes na academia, tampouco nutro otimismo em relação ao desenvolvimento de análises acadêmicas que expõem os danos provocados pelo identitarismo, seja neste, seja em outros contextos.

CASO 7. Aos 13 anos, Cleides José da Silva, meu tio, deixou meus avós maternos na cidadezinha mineira de Lagamar e foi tentar vencer a vida em São Paulo. Uma de suas aventuras foi em um seminário para formação de padres católicos. No ano em que começou a Ditadura Militar, 1964, aos 18 anos, ele passou por um episódio de instabilidade mental ao ouvir um homem tocando violão com imperícia entre seus colegas de ordenação. Meu avô, Pedro Lourenço, tocava muito melhor. Dominado pela angústia da saudade, Cleides arrancou o instrumento das mãos do rapaz, arrebentou as cordas e o estilhaçou no chão. Os missionários enviaram o mineiro à força para o sanatório. No sanatório, sua cabeça foi raspada e ele foi submetido a 11 sessões de eletroconvulsoterapia nas têmporas, antes das quais recebia o anticonvulsivo Gardenal. Cleides aprendeu com os outros internos a esconder o remédio embaixo da língua e cuspi-lo discretamente. A tortura durou 90 dias. Ao receber alta, um psiquiatra lhe ofereceu um frasco de Gardenal e emitiu o parecer verbal de que ele teria de tomar pelo resto da vida. Cleides jogou no lixo, nunca mais tomou, fez carreira no sindicalismo, tornou-se o patriarca da família de fato após a morte prematura de Pedro Lourenço e hoje, aos 78 anos, tem uma família grata pelo seu exemplo de resiliência, vida e sanidade.[10] Apesar de tudo, Cleides teve sorte. O resultado poderia ter sido trágico se ele tivesse sido mandado para o maior manicômio do Brasil, o Hospital Colônia em Barbacena, Minas Gerais. No Colônia, os internos dormiam amontoados em pilhas de grama nos cantos de um pavilhão, em meio a fezes e urina. Uma enfermeira, Marlene Laureano, relata ter visto em seu primeiro dia de trabalho em 1975 funcionários recolhendo um cadáver do local: geralmente nus, os 280 internos acomodados naquele espaço enfrentavam o frio se empilhando em meio ao capim seco durante a noite, os que ficavam no fundo com frequência morriam. Aquele era o 16° cadáver recolhido no dia. Calcula-se que o Colônia, com frequência comparado a um campo de concentração nazista, fez 60 mil vítimas, embora o número seja uma especulação. Algumas pessoas foram internadas por serem "tristes", outras por serem homossexuais, outras por engravidarem de patrões importantes.[11]

CASO 8. Pessoas surdas enfrentaram injustiças históricas, como a demora do mundo acadêmico em reconhecer que suas línguas de sinais são tão ricas quanto as línguas orais. No entanto, existem grupos culturais de pessoas surdas que, seguindo a linha identitária, insistem que a surdez não deve ser interpretada como uma deficiência, mas apenas uma diferença de desenvolvimento, e tratam os ouvintes como um grupo externo opressor. Sverrir, uma pessoa surda da Islândia, comentou em uma entrevista para uma publicação acadêmica: "Ser surdo não significa que todos sejamos iguais. Sou surdo, mas nem todos são surdos como eu. Sou meio atrapalhado em meu relacionamento com outros surdos, mas aqui na Islândia todos me conhecem e sabem quem sou. No exterior, porém, algumas pessoas surdas não queriam nada comigo porque estou sempre contando piadas. Foi então que percebi que não somos iguais. Fiquei tão chateado por ser ignorado pelos surdos que tive uma crise completa".[12] Não é possível afirmar que Sverrir foi alvo diretamente de um comportamento identitário, pois isso depende, entre outros fatores, do conteúdo de suas piadas. No entanto, existem exemplos mais evidentes. Em 2006, a Universidade Gallaudet, a única no mundo voltada exclusivamente para pessoas surdas, interrompeu suas atividades por mais de duas semanas devido a protestos contra a nomeação de Jane K. Fernandes como nova reitora. O conselho diretor acabou cedendo e revogou a nomeação. Fernandes era surda, mas não "suficientemente surda" para os manifestantes. Ela cresceu fazendo leitura de lábios e falando, e só aprendeu a linguagem de sinais na graduação. A justificativa inicial dos manifestantes (composto por estudantes e professores), que a revista *Reason* classificou de "exemplo claro de política identitária enlouquecida", era clara no início, mas foi ocultada quando perceberam que não atraía muita simpatia do mundo externo ao *campus*. Entre as justificativas para afastar Fernandes, inventaram que ela era autoritária e "não sorria o suficiente". Chegaram a recorrer a argumentos de outros movimentos identitários, alegando que Fernandes não se opunha adequadamente ao racismo. As táticas incluíam greves de fome e ameaças de violência. Naquela época, ao menos, os argumentos identitários não disfarçavam a falta de interesse pela inclusão. Uma professora apoiadora dos protestos, Kahtleen M. Wood, criticou Fernandes por afirmar que Gallaudet era para "todos os surdos". Segundo Wood, essa inclusão atraiu estudantes que "não se integravam à cultura surda [...] A nova Gallaudet não será para todos".[13]

CONCLUSÃO

No primeiro capítulo, argumentei que ideologias como o identitarismo podem ser vistas como uma resposta cultural à humilhação em diferentes níveis: desde a alegação de que tudo o que somos é uma "construção social" — ou seja, algo que criamos e que podemos modificar, mesmo que se trate de padrões naturais com milhões de anos, como a anisogamia — até a insistência de que os humilhados serão exaltados e os exaltados, humilhados. Essa complexa mistura contém tanto elementos de reação à ciência quanto aspectos religiosos. Com o surgimento do movimento identitário, o estudo cuidadoso da natureza humana parece estar sendo substituído por afirmações vazias e superficiais de autoestima, onde o "orgulho gay" cede lugar à "humilhação hétero".

A ideia de que a ciência teria humilhado o ser humano, contudo, não é científica, mas resulta de uma interpretação filosófica equivocada que não deriva diretamente de suas bem-sucedidas teorias. Diante de tantos "cantos de sereia", seja em direção à humilhação, seja em direção ao falso orgulho do "empoderamento", é prudente fazer uma pausa para reflexão.

REPENSANDO ORGULHO E PRECONCEITO

Não há razão para pânico. Muitas argumentações que defendem a abjeta humilhação humana — aquela que afirma que nossa vida não tem sentido — são absolutamente insensatas. E o que importa sermos menores que grãos de areia na imensidão do Universo? Se o tamanho fosse documento, então estaríamos diante do absurdo de atribuir superioridade moral aos mais altos e mais corpulentos. Uma galáxia ou estrela de nêutrons pode ser um fenômeno fascinante, peculiar e imponente, mas não possui consciência, não reflete sobre si mesma, não cria melodias, tampouco pondera sobre o futuro. É quase pueril a insistência de muitos, incluindo físicos de renome, em afirmar que a vasta escala do Universo seria um motivo não apenas para nossa humildade, mas também para uma humilhação degradante. Nossa arrogância histórica não justifica tal conclusão.

A teoria da evolução também não representa qualquer ameaça ao orgulho legítimo que, por mérito, cada indivíduo, comunidade, nação, ou até mesmo a humanidade como um todo, pode ter. É claro que um indivíduo que se vangloria por supostas conquistas atribuídas à sua raça incorre automaticamente em racismo, ao atribuir à raça um poder determinante sobre virtudes que ela não possui.

Por que um indivíduo não poderia se orgulhar de pertencer a uma linhagem de pessoas dedicadas, resilientes e inteligentes, sendo um exemplo de seu gênero que se relaciona bem com o sexo oposto? Por que não poderia sentir-se satisfeito por preferir o sexo oposto, algo que facilita a possibilidade de ter filhos? Por que não poderia sentir-se afortunado por não vivenciar uma condição que o colocaria em desconformidade com o próprio corpo?

Por que Lagamar, uma pequena cidade de 6.400 habitantes no interior de Minas Gerais, não poderia orgulhar-se de si mesma, se houvesse bons motivos? A cidade certamente poderia se orgulhar da tranquilidade oferecida às suas crianças, em contraste com tantos outros lugares menos seguros, e de suas belas paisagens de Cerrado, além de seus fósseis bacterianos datados em dois bilhões de anos. Nem todo nativismo ou "bairrismo", como é conhecido no Sul, deve ser visto de forma negativa.

Por que o Brasil, que esteve um dia sob as Ordenações Manuelinas, as quais previam chibatadas para travestis, não poderia hoje se orgulhar de possuir uma base legal em grande parte sensata e justa, que trata os indivíduos de maneira igualitária? Por que a nação brasileira não pode se orgulhar de sua miscigenação, de jamais ter criminalizado a homossexualidade, e de nunca ter segregado oficialmente seus cidadãos por raça desde a abolição? Se o Brasil não puder se orgulhar do que já acertou, não terá forças para resistir à crescente onda de legislações parciais, que tipificam a identidade da vítima em vez de focar apenas no crime, introduzindo ideologia identitária disfarçada de conhecimento nas leis, com inacreditável anuência até mesmo de quem alega ser contra o identitarismo.

Por que a humanidade, que surgiu "de um início tão simples", conforme as palavras de Darwin, não poderia se orgulhar de ter superado tantos aspectos de privação e sofrimento que este mundo impõe a quase todos os seres vivos, e de seu papel como o farol consciente e racional do universo, até então solitário? É difícil não sentir exultação e admiração ao contemplar uma imponente árvore e compreender que, em termos de tempo profundo, somos parentes. Convivemos com o câncer, Alzheimer, violência e guerra. Contudo, possuímos o enorme privilégio

— resgatando uma palavra positiva que foi vandalizada pelos identitários — de estarmos aqui, testemunhando a ordem e o caos em uma dança cósmica que, por vezes, é verdadeiramente bela e fascinante.

Um dos impactos mais evidentes do identitarismo, que não pode ser ignorado, é o custo de oportunidade. Os recursos e esforços direcionados para monitorar toda situação, grupo, empresa e esfera cultural, sob a justificativa da "santíssima trindade" da diversidade, equidade e inclusão, acabam sendo desperdiçados em detrimento de outras iniciativas, inclusive aquelas que poderiam oferecer soluções mais eficazes para o racismo, o sexismo (amplamente reinterpretado como "misoginia" em qualquer contexto, ou seja, ódio às mulheres, para maximizar o efeito hiperbólico), a homofobia e outros preconceitos que podem, de fato, resultar em tratamentos injustos.

Quando deixamos de nos concentrar excessivamente em nós mesmos, temos a oportunidade de voltar nossa atenção para o mundo que existe além de nossas mentes, sexos, sexualidades, raças e culturas. Possuímos a extraordinária capacidade de criar universos culturais completos e nos refugiar neles. Contudo, o conforto proporcionado por esses mundos nos acomodou, transformando-os em nossas novas prisões.

Longe dessas prisões, o mundo se revela em sua diversidade e brilho. Distantes dessas amarras, podemos observar a nós mesmos "do ponto de vista da eternidade", como propôs Spinoza. Com esse distanciamento, tornamo-nos capazes de reconhecer tanto nossa pequenez quanto nosso vasto potencial para a grandeza. Podemos adotar a sobriedade e a resiliência de figuras como Marco Aurélio e Epicteto. Sonhamos em habitar exoplanetas, cujas existências foram confirmadas há um piscar de olhos. Nossa atenção pode se voltar para problemas concretos, em vez de meramente percebidos, concentrando esforços em soluções com paciência. Temos a oportunidade de ser o que optamos por *fazer*.

COMO ENTREI NESTA:
BREVE NOTA AUTOBIOGRÁFICA

Vamos falar, então, da minimamente relevante questão: quem eu sou. Retornemos brevemente ao ano de 2012. Este é o ano em que o psicólogo social Jonathan Haidt[1] identifica como o início aproximado de uma crise psicológica entre adolescentes, marcada pela ascensão das redes sociais e a crescente obsessão com questões de identidade. Foi também o ano em que ocorreu o primeiro e único Congresso Humanista do Brasil, organizado pela Liga Humanista Secular do Brasil (LiHS), associação da qual fui um dos fundadores e presidentes.

Fundada entre 2009 e 2010, a LiHS tornou-se a maior associação humanista da América Latina na época, congregando pessoas sem religião, embora nem todas fossem irreligiosas. Atuamos como *amicus curiae* em julgamentos no Supremo Tribunal Federal, defendendo causas como a laicidade do Estado, e representei a entidade em um congresso internacional realizado em Oxford, em 2014.

Enquanto presidente, cometi um equívoco: com a mentalidade burocrática comum ao brasileiro, considerei que a associação deveria ser dividida em diretorias especializadas, utilizando identidade como um dos critérios, criando grupos específicos para mulheres, GLBT, antirracistas, entre outros. Foi nesse contexto, durante a organização do evento, que tomei consciência do problema do identitarismo. A associação apresentava uma questão que identifiquei posteriormente: a amplitude do conceito de "humanismo", que, por sua vaguidão, dificultava a adesão integral dos membros aos seus supostos princípios. Conforme descrito no estatuto, esses princípios envolviam "o uso da razão, do método científico e da evidência factual em detrimento da fé ou do misticismo" e a "busca por princípios viáveis de conduta ética — individuais, sociais e políticos — julgando-os por sua capacidade de melhorar o bem-estar humano e a responsabilidade individual". Há nisso diversas ingenuidades, como a possível mistura de cientificismo com consequencialismo e deontologia, embora isso seja um tema a ser explorado em outras obras.

COMO ENTREI NESTA: BREVE NOTA AUTOBIOGRÁFICA

Além da amplitude e vagueza conceitual, somou-se a isso o desafio de contar com membros e diretores que não apoiavam princípios fundamentais como *tratamento igual dos indivíduos perante as normas*. As feministas radicais, que eu próprio, com grande culpa, convidei e aloquei em posições de liderança, afirmavam que tratar todos de maneira igualitária seria uma forma de validar o patriarcado e o *entitlement* masculino (usado por elas no original em inglês). "Homens são estupradores em potencial", afirmou uma diretora em uma lista de e-mails — alegação da qual hoje, felizmente, ela se arrepende — repetindo as palavras estrategicamente ambíguas da feminista radical Andrea Dworkin, cujo autoritarismo foi criticado pelo constitucionalista Ronald Dworkin (sem relação de parentesco).[2]

Percebi que os valores defendidos pelos identitários na prática iam de encontro aos princípios da associação, o que me levou a iniciar uma resistência solitária (contando com alguns apoiadores silenciosos). A postura anticapitalista de não cobrar taxa de associação contribuiu, mas foram os ressentimentos e disputas internas, alimentados pelo identitarismo, que acabaram por levar a Liga Humanista à extinção antes de completar uma década de existência.

Deixei minha marca na década com uma última demonstração de resistência, ainda durante meu mandato final como presidente: publiquei no site da associação uma verificação das estatísticas anuais do Grupo Gay da Bahia sobre as alegações de mortes por homofobia no Brasil, em 2019.[3] Eu e quatro colaboradores possivelmente desmantelamos décadas de estatísticas equivocadas, amplamente propagadas pela imprensa brasileira, ao revisar minuciosamente os dados referentes às mortes de 2016, que foram usados por ministros do Supremo Tribunal Federal no julgamento que resultou na criminalização da homofobia, em um claro exemplo de ativismo judicial no mesmo ano da checagem.[4] Constatamos que apenas 9% dos casos estavam de fato relacionados à homofobia, e fomos generosos em nossa análise, aceitando como justificativa a categoria de "provavelmente foi homofobia" para incluir a motivação homofóbica.

Contribuí para a apresentação de razões objetivas que colocam em dúvida a gravidade da "crise" de violência motivada por preconceito, como alegado pela mídia televisiva, abrindo margem para reconsiderá-la como uma possível construção ideológica ou fruto de uma moda intelectual. Embora os identitários tenham liberdade para se organizar como desejarem, consegui impedir que infiltrassem e cooptassem a associação que nomeei e à qual dediquei anos de trabalho.

Em síntese, acumulo uma década de estudo, observação e resistência aos identitários. Embora tenha obtido sucesso em um nicho específico, fui derrotado em praticamente todas as outras frentes. Minha posição contrária ao aumento da legislação autoritária no Brasil, que criminaliza simples palavras preconceituosas contra a comunidade GLBT, foi derrotada.⁵ Por essa postura, fui rotulado de "ultraliberal" pelo ex-deputado Jean Wyllys, que, juntamente com o fundador do Grupo Gay da Bahia, Luiz Mott, também me acusou de sofrer de "homofobia internalizada". Paradoxalmente, minha derrota se baseou em uma falsidade que eu mesmo ajudei a desmascarar. Em uma época em que a censura contra as chamadas "fake news" está em voga, essa reflexão se impõe naturalmente.

Alguns podem ver em mim a figura do pregador que condena os pecados que ele mesmo já cometeu: critico o identitarismo com tanta veemência hoje porque o adotei no passado. Há uma parcela de verdade nessa observação, mas ela não conta a história completa. Muito antes de conceber a ideia da associação e dos ventos culturais secularistas que a impulsionaram, eu já me identificava como "liberal", e o princípio de tratamento igualitário sempre foi um valor central do liberalismo. Do meu ponto de vista — que reconhecidamente pode conter uma dose de autoindulgência —, o que fiz foi lapidar e reavaliar minhas crenças, chegando à conclusão de que um reluzente bezerro de ouro representava uma ameaça a tudo o que considero sagrado: o indivíduo e suas liberdades, o autoaperfeiçoamento, a tolerância, o ceticismo em relação às supostas panaceias sociais, e o espírito inquisitivo que deu origem à filosofia e à ciência.

O evento humanista de 2012, entretanto, semeou diversas ideias. Uma dessas sementes foi plantada por Marina Reidel, palestrante transexual, que, durante uma conversa comigo na pausa para o café, afirmou rejeitar o termo *transgênero*. Reidel ministrou uma das melhores palestras, com uma clareza moral impressionante sobre os desafios enfrentados por transexuais como ela. No ano seguinte, produzi um vídeo sobre a genética da homossexualidade em resposta ao pastor Silas Malafaia, que repercutiu amplamente, tornando-se viral. Dois anos depois, apresentei uma palestra sobre a biologia da transexualidade para o Sindicato de Professores do Espírito Santo. Lembro que Toni Reis, presidente da ABGLT, ao me ouvir, comentou para a plateia que jamais havia considerado que a biologia pudesse estar relacionada à questão dos transexuais — uma declaração que reflete a desconexão entre ativismo e ciência. As palavras de Reidel ecoaram em minha mente por todo esse tempo, juntamente com meus estudos sobre feminismo e sexualidade, e o resultado de toda essa reflexão pode ser encontrado nos capítulos 4 e 5.

Caso um dia se prove que estou errado sobre o conteúdo deste livro, meu consolo será saber que tal feito só poderia ocorrer através dos valores que o identitarismo recusa. Nenhuma quantidade de especulações sobre minhas supostas intenções ocultas, nem diatribes focadas em características imutáveis como a cor da minha pele, será capaz de provar que estou equivocado. Ataques pessoais podem parecer lógicos para aqueles que acreditam que a identidade pessoal é o fator central para entender e resolver controvérsias, porém essa antilógica não se sustenta entre pessoas racionais. Se não se deve filosofar, ainda assim, deve-se filosofar; portanto, filosofar é inevitável, como afirma o silogismo aristotélico. E, nesse hipotético processo de demonstração do meu erro, o identitarismo se revelará mais uma vez falso, mesmo que isso resulte em mais uma daquelas tremeluzentes, porém persistentes, luzes na constelação das verdades impopulares.

NOTAS

INTRODUÇÃO

1. KIRCHICK, James. *Mighty Ira Glasser & the ACLU Foundation*. Tablet Magazine, 31 de março de 2021. https://www.tabletmag.com/sections/news/articles/the-disintegration-of-the-aclu-james-kirchick.
2. GUTENTAG, Alex.; SHELLENBERGER, Michael. *Progresso e Hamas: por que a esquerda radical apoia o terrorismo*. Gazeta do Povo, 19 de outubro de 2023. https://www.gazetadopovo.com.br/ideias/progresso-e-hamas-por-que-a-esquerda-radical-apoia-o-terrorismo/.
3. NIGHTINGALE, Hannah. Must Watch: Hamas Leader *Says 'the Same Type of Racism That Killed George Floyd Is Being Used by Israel against the Palestinians'*. The Post Millennial, 18 de outubro de 2023. https://thepostmillennial.com/must-watch-hamas-leader-says-the-same-type-of-racism-that-killed-george-floyd-is-being-used-by-israel-against-the-palestinians.
4. LUZARDO, André. *A polícia americana é racista?* Gazeta do Povo, 5 de dezembro de 2020. https://www.gazetadopovo.com.br/ideias/a-policia-americana-e-racista/.
5. KINGSON, Jennifer A. *Exclusive: $1 Billion-plus Riot Damage Is Most Expensive in Insurance History*. Axios, 16 de setembro de 2020. https://www.axios.com/2020/09/16/riots-cost-property-damage.
6. DIAMOND, Dan. *Suddenly, Public Health Officials Say Social Justice Matters More Than Social Distance*. Politico, 4 de junho de 2020. https://www.politico.com/news/magazine/2020/06/04/public-health-protests-301534.
7. VIEIRA, Eli. *Resposta ao editorial pró-identitarismo da Science — por Susan Haack*. Cartas do Eli Vieira, 13 de maio de 2023. https://www.elivieira.com/p/revista-science-identitarismo.
8. VIEIRA, Eli. *Revistas científicas afrouxam padrões e abraçam modas da esquerda*. Gazeta do Povo, 20 de junho de 2023. https://www.gazetadopovo.com.br/ideias/revistas-cientificas-afrouxam-padroes-e-abracam-modas-intelectuais-de-esquerda/.
9. VIEIRA, Eli. *Tentativa de vincular ciência ao politicamente correto: o caso Nature*. Gazeta do Povo, 25 de outubro de 2022. https://www.gazetadopovo.com.br/ideias/tentativa-de-vincular-ciencia-e-politicamente-correto-da-errado-o-caso-nature/.

1 - CIÊNCIA, ORGULHO E PRECONCEITO

1. Disse Charles Darwin: "A diferença na mente entre o homem e os animais superiores, por mais que seja grande, é certamente uma diferença de grau e não de tipo. Vimos que os sentidos e as intuições, as várias emoções e faculdades tais como amor, memória, atenção, curiosidade, imitação, razão etc., das quais se gaba o homem, podem ser encontrados em condição incipiente, e até às vezes bem desenvolvida, nos animais inferiores". DARWIN, Charles. *The Descent of Man, and Selection in Relation to Sex*. John Murray, vol. 1, p. 105, 1871.
2. Essa visão da ciência como uma extensão (não um sinônimo) do senso comum está desenvolvida em um livro que traduzi: HAACK, Susan. *Defendendo a Ciência — Dentro Do Razoável: Entre o Cientificismo e o Cinismo*. Stentor Books, 2023.
3. CLARK, Gregory. *The inheritance of social status: England, 1600 to 2022*. PNAS (Vol. 120, No. 27). Tanto pior para Marx que, em junho de 2023, na revista PNAS (Vol. 120, No. 27), o historiador econômico Gregory Clark tenha mostrado, usando uma amostra de mais de 400 mil ingleses e sua genealogia no período de 1600-2022, que o status social pode não ser genético, mas segue de perto um padrão genético de preferências de casamento das pessoas. A esperança de uma explicação completamente cultural para a estratificação social sofre mais um golpe, mas continua muito popular.
4. Esse vocabulário newtoniano está salpicado pelas obras marxistas, Engels o usou mais.
5. Nota de Marize Schons: Vale ressaltar que a discussão sobre a concepção de trabalho presente na obra de Locke é muito distinta da proposta de Marx. No caso de Marx, a discussão está relacionada a uma teoria da exploração, concebida a partir de conceitos como mais-valia, fetichismo e valor-trabalho. A preocupação de John Locke, por outro lado, está na relação entre trabalho, riqueza (valor) e propriedade. Locke, como um dos pais do pensamento liberal, desenvolve a ideia de que o trabalho é o fundamento moral da propriedade.
6. Nota de Marize Schons: Com os avanços da biologia, a teoria da tábula rasa parece um erro grosseiro. Porém, precisamos ser justos em contextualizar o autor nas limitações da sua própria época. Dessa forma, a teoria da tábula rasa desafiou as ideias do inatismo, que sugerem que o conhecimento é uma habilidade ou ideia inata, presente desde o nascimento, como defendido por filósofos como René Descartes e, mais tarde, por Leibniz.
7. Confira a fonte das citações e uma discussão das alegações de Lewontin e colegas em PINKER, Steven. *Tábula Rasa*. 1ª edição. Companhia das Letras, 2004.
8. RIBEIRO, Djamila. *Lugar de Fala*. Editora Jandaíra, 2019.

2 - IDENTITARISMO: FONTES INTELECTUAIS

1. SCRUTON, Roger. *Oikophobia*. The Journal of Education 175, no 2 (1993): 93–98. Vale a pena traduzir um trecho: "[I]sto é o que o movimento 'multiculturalista' tem de mais notável: ele é incapaz de tolerar aquilo do que não gosta — a saber, a 'cultura' americana, como a chamam. Ele oferece estereótipos positivos de minorias, culturas primitivas e

grupos 'oprimidos', e somente um estereótipo negativo da assim chamada 'cultura majoritária', que é descrita de várias formas como materialista, patriarcal, racista, imperialista, e obcecada com propriedade e poder. Mal existe algum insulto no dicionário que não seja lançado contra a sociedade americana pelos defensores do 'multiculturalismo', e a construção do novo estereótipo negativo se tornou uma grande empreitada das universidades. Para pegar um exemplo: o novo tipo de feminista radical tem, ou parece ter, apenas um propósito, que é criar um estereótipo negativo do homem tradicional americano, e da cultura que ele supostamente produziu. Com falta de fineza exemplar, a crítica feminista vai de obra literária em obra literária, de poema a poema, para 'provar' — o que ela de qualquer forma nunca admitiria que é falso — que a coisa toda é uma grande conspiração forjada na mente do macho estereotipado para tornar as mulheres invisíveis. Tal estereotipação provavelmente seria considerada um crime se a vítima fosse descrita em termos raciais em vez de sexuais. Mas é considerada amplamente uma empreitada acadêmica legítima, com departamentos de 'estudos femininos' devotados a nada mais que isso".

2. ORWELL, George. *Animal Farm*. Project Gutenberg, 2008. (Original de 1945.)
3. DEBOER, Freddie. *Of Course You Know What 'Woke' Means*. Substack newsletter. Freddie deBoer (blog), 15 de março de 2023. https://freddiedeboer.substack.com/p/of-course-you-know-what-woke-means?utm_medium=reader2.
4. SCRUTON, Roger. *How to be a Conservative*. Bloomsbury, 2014.
5. ORTEGA, Pepita. *Moraes condena discurso de ódio: Tira liberdade do eleitor* [11/07/2022]. UOL. Acesso em 20 de agosto de 2023. https://noticias.uol.com.br/ultimas-noticias/agencia-estado/2022/07/11/em-palestra-alexandre-de-moraes-alerta-para-os-riscos-do-discurso-do-odio.htm.
6. MILTON, John. *Areopagitica: A speech for the Liberty of Unlicensed Printing to the Parliament of England*. 1644/2012.
7. MILL, John Stuart. *On Liberty*. Amazon Classics, 2017.
8. Pictoline. *La Paradoja de la Tolerancia*. 14 de agosto de 2017. https://www.pictoline.com/timeline/2017/08/14/15hrs04min45sec.
9. CASTRO, Gabriel de Arruda. *Associação de livrarias se desculpa por enviar obra considerada antitrans*. Gazeta do Povo, 26 de julho de 2021. https://www.gazetadopovo.com.br/vida-e-cidadania/eua-associacao-de-livrarias-se-desculpa-por-enviar-livro-considerado-anti-trans/.
10. PLUCKROSE, Helen; LINDSAY, James. *Teorias Cínicas*. Avis Rara, 2021.
11. DISTANCE, Wokal (Young, Michael). *How to Play Games With Words*. Keep your Wokal_distance (blog), 16 de março de 2023. https://wokaldistance.substack.com/p/how-to-play-games-with-words.
12. ALMEIDA, Silvio. *Racismo Estrutural*. Editora Jandaíra, 2019.
13. RISÉRIO, Antonio et al. *A Crise da Política Identitária*. Topbooks Editora, 2022.
14. VIEIRA, Eli. *Universitários progressistas, sem saber, concordam com frases de Hitler*. Gazeta do Povo, 24 de abril de 2023. https://www.gazetadopovo.com.br/ideias/universitarios-progressistas-sem-saber-concordam-com-frases-de-hitler/.
15. SOKAL, Alan; BRICMONT, Jean. *Imposturas intelectuais: o abuso da ciência pelos filósofos pós-modernos*. Rio de Janeiro: Record, 1999.

16. PLUCKROSE, Helen; LINDSAY, James A.; BOGHOSSIAN, Peter; e VIEIRA, Eli. (trad.). *Estudos de Ressentimento e Corrupção da Academia: Como Publicamos um Capítulo de Hitler numa Revista Feminista*. Xibolete, 6 de outubro de 2018. https://xibolete.org/estudos-fraudulentos/.
17. VIEIRA, Eli. *Não viemos do estupro: A vez da biologia*. Gazeta do Povo, 13 de outubro de 2020. https://www.gazetadopovo.com.br/ideias/nao-viemos-do-estupro-a-vez-da-biologia/.
18. RISÉRIO, Antonio. *As Sinhás Pretas da Bahia: Suas Escravas, Suas Joias*. Topbooks Editora, 2022.
19. LEONARDO, Ana Cristina. *Sigmund Freud: O rei vai nu, dizem eles*. Crítica, 9 de janeiro de 2007. https://criticanarede.com/freud.html.
20. Um pioneiro a defender liberdade para gays, aliás, foi o liberal Jeremy Bentham, colega de John Stuart Mill na construção do utilitarismo. Ele fez isso numa série de textos do fim do século XVIII e começo do século XIX, publicados postumamente.
21. MARCUSE, Herbert et al. *A Critique of Pure Tolerance*. Beacon Press, 1969, p. 109.
22. FREIRE, Paulo. *Pedagogia do oprimido*. 84ª edição. Paz & Terra, 2019.
23. DESAI, Neirin Gray. *Black Panther Angela Davis discovers her ancestor came to the US on the Mayflower*. Daily Mail, 23 de fevereiro de 2023. https://www.dailymail.co.uk/news/article-11784945/Black-Panther-Angela-Davis-discovers-ancestor-came-Mayflower.html.
24. VIEIRA, Eli. *Última a chegar: Psicologia social reconhece autoritarismo de esquerda*. Gazeta do Povo, 16 de julho de 2022. https://www.gazetadopovo.com.br/ideias/ultima-a-chegar-psicologia-social-finalmente-reconhece-autoritarismo-de-esquerda/.
25. VIEIRA, Eli. *O Macaco SeXX/XY: Pensando em Gênero e Sexualidade Fora dos Moldes Identitários* in A Crise da Política Identitária. Antonio Risério (org.) et al. Topbooks, 2022, pp. 488-514.
26. FOUCAULT, Michael. *Sex, Power and the Politics of Identity*. Em Foucault Live: Collected Interviews, 1961-1984. Semiotext(e), 1996.
27. CRENSHAW, Kimberlé. *Mapping the Margins: Intersectionality, Identity Politics, and Violence against Women of Color*. Stanford Law Review 43, no 6 (1991): 1241–99.
28. VIEIRA, Eli. *Diretriz contra racismo epistêmico na UFSC evidencia novo cinismo*. Gazeta do Povo, 15 de dezembro de 2022. https://www.gazetadopovo.com.br/ideias/diretriz-contra-racismo-epistemico-na-ufsc-evidencia-como-o-problema-do-novo-cinismo-chegou-ao-brasil/.
29. Conselho Nacional de Saúde. Resolução nº 715, de 20 de julho de 2023. Acesso em 29 de agosto de 2023. https://conselho.saude.gov.br/resolucoes-cns/3092-resolucao-n-715-de-20-de-julho-de-2023.
30. FACHIN, Edson. *Voto-Vogal na Ação Direta de Inconstitucionalidade 4.439*, Distrito Federal. Supremo Tribunal Federal, 27 de setembro de 2017. https://www.stf.jus.br/arquivo/cms/noticiaNoticiaStf/anexo/VotoFachinEnsinoReligioso.pdf.

3 – IDENTITARISMO: FONTES INSTINTIVAS

1. RITCHIE, Stuart. *Science Fictions: How Fraud, Bias, Negligence, and Hype Undermine the Search for Truth*. Illustrated edition. Metropolitan Books, 2020.
2. BLOOM, Paul. *Psych: The Story of the Human Mind*. Nova York, NY: Ecco Press, 2023.
3. WORLD VALUES SURVEY. WVS DATABASE, 2018. https://www.worldvaluessurvey.org/WVSDocumentationWV7.jsp.
4. HANSON, Robin. *The Elephant in the Brain: Hidden Motives in Everyday Life*. Illustrated edition. Oxford University Press, 2017.
5. HAIDT, Jonathan. *A mente moralista: Por que pessoas boas são segregadas por política e religião*. 1ª edição. Alta Cult, 2020.
6. ZAKHARIN, Michael; BATES, Timothy C. *Testing heritability of moral foundations: Common pathway models support strong heritability for the five moral foundations*. European Journal of Personality 37, nº 4 (2023): 485–97.
7. GRAHAM, Jesse; NOSEK, Brian A.; HAIDT, Jonathan. *The Moral Stereotypes of Liberals and Conservatives: Exaggeration of Differences across the Political Spectrum*. PLOS ONE 7, nº 12 (12 de dezembro de 2012): e50092. https://doi.org/10.1371/journal.pone.0050092.
8. HAYEK, Friedrich August. *The constitution of liberty: The definitive edition*. Routledge, 2020.
9. BLOOM, Paul; VIEIRA, Eli (trad.). *O Lado Negro da Empatia*. Xibolete, 26 de setembro de 2015. https://xibolete.org/empatia/.
10. KNAPP, Paulo. *Terapia cognitivo-comportamental na prática psiquiátrica*. Artmed Editora, 2009.
11. LUKIANOFF, Greg; HAIDT, Jonathan. *The Coddling of the American Mind: How Good Intentions and Bad Ideas Are Setting Up a Generation for Failure*. Penguin Books, 2018.
12. HAIDT, Jon. *Why the Mental Health of Liberal Girls Sank First and Fastest*. After Babel, 9 de março de 2023. https://jonathanhaidt.substack.com/p/mental-health-liberal-girls.
13. TOSI, Justin; WARMKE, Brandon. *Grandstanding: The Use and Abuse of Moral Talk*. Nova York: Oxford University Press, EUA, 2020.
14. REILLY, Wilfred. *Hate Crime Hoax: How the Left Is Selling a Fake Race War*. Washington: Regnery Publishing, 2019.
15. LOPES, Liziane. *Mulher que fez denúncia falsa de racismo e sequestro pode pegar até 8 anos de prisão*. Hoje em Dia, 20 de outubro de 2017. https://www.hojeemdia.com.br/minas/mulher-que-fez-denuncia-falsa-de-racismo-e-sequestro-pode-pegar-ate-8-anos-de-priso-1.568143.
16. Jussie Smollett Hate Crime Hoax. Em Wikipedia, 22 de agosto de 2023. https://en.wikipedia.org/w/index.php?title=Jussie_Smollett_hate_crime_hoax&oldid=1171603902
17. AMPARO, Thiago. [@thiamparo]. Passei o dia todo mal. Ânsia de vômito. Mãos tremendo. Tristeza. Falta de acolhida fora e dentro do Twitter. Vou desligar um pouco. Tweet. Twitter, 29 de setembro de 2021. https://twitter.com/thiamparo/status/1443332767631167488. Arquivo: https://archive.is/BfoCa.
18. FÉLIX, Victor. *Coluna sobre 'sinhás pretas' na Folha provoca reações e acusações de racismo*. Portal dos Jornalistas, 5 de outubro de 2021. https://www.portaldosjornalistas.com.br/coluna-sobre-sinhas-pretas-na-folha-provoca-reacoes-e-acusacoes-de-racismo/.

19. HENDERSON, Rob. *Luxury Beliefs Are Latest Status Symbol for Rich Americans.* New York Post, 17 de agosto de 2019. https://nypost.com/2019/08/17/luxury-beliefs-are-the-latest-status-symbol-for-rich-americans/.

4 – GÊNERO: O SEXO QUE NÃO OUSA DIZER SEU NOME

1. SAYERS, Dorothy L. *Are Women Human?: Address Given to a Women's Society*, 1938. Logos: A Journal of Catholic Thought and Culture 8, nº 4 (2005): 165–78.
2. LEHTONEN, Jussi; PARKER, Geoff A. *Gamete Competition, Gamete Limitation, and the Evolution of the Two Sexes.* Molecular Human Reproduction 20, nº 12 (dezembro de 2014): 1161–68.
3. KAHLENBERG, Sonya M.; WRANGHAM, Richard W. *Sex Differences in Chimpanzees. Use of Sticks as Play Objects Resemble Those of Children.* Current Biology 20, nº 24 (21 de dezembro de 2010): R1067–68.
4. SÖDERLUND, Therese; MADISON, Guy. *Objectivity and Realms of Explanation in Academic Journal Articles Concerning Sex/Gender: A Comparison of Gender Studies and the Other Social Sciences.* Scientometrics 112, nº 2 (1º de agosto de 2017): 1093–1109.
5. DOS SANTOS, Giovanna Aparecida Schittini. *Direito e Gênero: Rui Gonçalves e o Estatuto Jurídico Das Mulheres Em Portugal No Séc. XVI (1521-1603).* Dissertação de Mestrado, Universidade Federal de Goiás, 2007.
6. A., J. Prólogo do Editor. In GONÇALVES, Rui. *Dos Privilegios & Prerogativas que o Genero Feminino Tem Por Direito Commum, e Ordenaçoens Do Reino, Mais Que o Genero Masculino.* Biblioteca Nacional (Brasil), 1785. http://objdigital.bn.br/objdigital2/acervo_digital/div_obrasraras/or815366/or815366.pdf.
7. HAIG, David. *Of Sex and Gender.* Nature Genetics 25, nº 4 (agosto de 2000): 373–373.
8. ONLINE ETYMOLOGY DICTIONARY. *Gender.* Acesso em 19 de agosto de 2023. https://www.etymonline.com/search?q=gender.
9. DEL GIUDICE, Marco; BOOTH, Tom; IRWING, Paul. *The Distance Between Mars and Venus: Measuring Global Sex Differences in Personality.* PLOS ONE 7, nº 1 (4 de janeiro de 2012): e29265.
10. LIPPA, Richard A. *Sex Differences in Personality Traits and Gender-Related Occupational Preferences across 53 Nations: Testing Evolutionary and Social-Environmental Theories.* Archives of Sexual Behavior 39, nº 3 (junho de 2010): 619–36.
11. DEL GIUDICE, Marco. *Measuring sex differences and similarities.* Em Gender and sexuality development: Contemporary theory and research, 1–38. Springer, 2022.
12. WARRIER, V.; GRASBY, K.; UZEFOVSKY, F.; TORO, R.; SMITH, P.; CHAKRABARTI, B.; KHADAKE, J. et al. *Genome-Wide Meta-Analysis of Cognitive Empathy: Heritability, and Correlates with Sex, Neuropsychiatric Conditions and Cognition*, junho de 2018.
13. MEAD, Margaret. *Coming of age in Samoa.* Harmondsworth: Penguin Books, 1943.
14. MEAD, Margaret. *Male and Female: A Study of the Sexes in a Changing World.* First Morrow Paperback Editions, 1967, p. 25.
15. BENATAR, David. *The second sexism: discrimination against men and boys.* John Wiley & Sons, 2012. Ver também: Young, Cathy. *Johnny Depp, Amber Heard and Us: Rather than*

Repeating #Metoo Mantras, Let's Learn a Thing or Two about Domestic Violence. Cato Institute, 5 de junho de 2022. https://www.cato.org/commentary/johnny-depp-amber-heard-us-rather-repeating-metoo-mantras-lets-learn-thing-or-two-about.
16. CHAGNON, Napoleon A. *The Yanomamo*. Cengage Learning, 2012.
17. BUSS, David. *When Men Behave Badly: The Hidden Roots of Sexual Deception, Harassment, and Assault*. Little, Brown Spark, 2021.
18. DREGER, Alice. *Galileo's middle finger: Heretics, activists, and one scholar's search for justice*. Penguin Books, 2016.
19. STEWART-WILLIAMS, Steve; WONG, Xiu Ling; CHANG, Chern Yi Marybeth; THOMAS, Andrew G. *Reactions to Research on Sex Differences: Effect of Sex Favoured, Researcher Sex, and Importance of Sex-Difference Domain*. British Journal of Psychology (Londres, Inglaterra: 1953) 113, nº 4 (novembro de 2022): 960–86.
20. MACIEL, Márcio Leopoldo. *A lei de combate à alienação parental e as mulheres silenciadas*. Gazeta do Povo. Acesso em 20 de agosto de 2023. https://www.gazetadopovo.com.br/opiniao/artigos/a-lei-de-combate-a-alienacao-parental-e-as-mulheres-silenciadas/.
21. DAMORE, James; VIEIRA, Eli (trad.). *A Bolha Ideológica da Google:* o memorando que levou à demissão do autor. Xibolete, 7 de agosto de 2017. https://xibolete.org/google/.
22. REAM, Sarah L. *When service with a smile invites more than satisfied customers: Third-party sexual harassment and the implications of charges against Safeway*. Hastings Women's LJ 11 (2000): 107.
23. FAWCETT, Millicent Garrett. *Electoral Disabilities of Women: a lecture*. Wikisource, 1872/2023. https://en.wikisource.org/wiki/Electoral_Disabilities_of_Women.
24. DEARY, Ian J.; IRWING, Paul; DER, Geoff; BATES, Timothy C. *Brother–sister differences in the g factor in intelligence: Analysis of full, opposite-sex siblings from the NLSY1979*. Intelligence 35, nº 5 (2007): 451–56.
25. HEATH, Joseph. *Enlightenment 2.0: Restoring sanity to our politics, our economy, and our lives*. Harper Collins, 2014.
26. NISBET, Diana. *Female Infanticide in China*. Quadrant 40, nº 5 (maio de 1996): 26–29.
27. MUNGELLO, David E. *Drowning Girls in China: Female Infanticide in China since 1650*. Rowman & Littlefield Publishers, 2008.
28. GERSON, Jen. *Man Who Ran Canada's Only Shelter Dedicated Solely to Male Victims of Domestic Abuse Dies in Apparent Suicide*. National Post, 28 de abril de 2013. https://nationalpost.com/news/canada/earl-silverman-who-ran-mens-safe-house-dies-in-apparent-suicide.
29. WILLIAMS, Mary Elizabeth. *Feminism Didn't Kill Men's Rights Advocate Earl Silverman*. Salon, 29 de abril de 2013. https://www.salon.com/2013/04/29/feminism_didnt_kill_mens_rights_advocate_earl_silverman/.
30. ABAD-SANTOS, Alexander. *Men's Rights Advocate Earl Silverman Leaves a Legacy of Feminist-Bashing*. The Atlantic, 29 de abril de 2013. https://www.theatlantic.com/international/archive/2013/04/earl-silverman-suicide/315761/.

5 - SOPA DE LETRINHAS: MINORIAS SEXUAIS E SUAS FOBIAS

1. NORTON, Rictor (ed.). *Unhappy Gift from God, 1749.* Homosexuality in Eighteenth-Century England: A Sourcebook, 2011.
2. FOUCAULT, Michael. *The history of sexuality*, volume 1: An introduction. Pantheon Books, 1978.
3. NORTON, Rictor; VIEIRA, Eli (trad.). *F*da-se Foucault: Como a História Homossexual do Século XVIII valida o Modelo Essencialista.* Xibolete, 1º de maio de 2018. https://xibolete.org/foucault/.
4. University of Oxford News & Events. *Yorkshire Farmer Argues Homosexuality Is Natural in 1810 Diary Discovery*, 10 de fevereiro de 2020. https://www.ox.ac.uk/news/2020-02-10-yorkshire-farmer-argues-homosexuality-natural-1810-diary-discovery.
5. ROSELLI, Charles E.; LARKIN, Kay; SCHRUNK, Jessica M.; STORMSHAK, Fredrick. *Sexual partner preference, hypothalamic morphology and aromatase in rams.* Physiology & Behavior, Male Sexual Function, 83, nº 2 (15 de novembro de 2004): 233–45. https://doi.org/10.1016/j.physbeh.2004.08.017.
6. NOSOWITZ, Dan. *Researcher Debunks Gay Dolphin Blowhole Sex Myth.* The Dodo, 25 de novembro de 2013. https://www.thedodo.com/dolphins_dont_actually_bonk_ea-334771943.html.
7. RUSSELL, Douglas G. D.; SLADEN, William J. L.; AINLEY, David G. *Dr. George Murray Levick (1876–1956): Unpublished Notes on the Sexual Habits of the Adélie Penguin.* Polar Record 48, nº 4 (outubro de 2012): 387–93. https://doi.org/10.1017/S0032247412000216.
8. VIEIRA, Eli. *Resposta de geneticista a Silas Malafaia.* YouTube, 2013. https://www.youtube.com/watch?v=3wx3fdnOEos.
9. SANDERS, A. R.; MARTIN, E. R.; BEECHAM, G. W.; DAWOOD, S. Guo, K.; RIEGER, G.; BADNER, J. A. et al. *Genome-Wide Scan Demonstrates Significant Linkage for Male Sexual Orientation.* Psychological Medicine, 17 de novembro de 2014, 1–10. https://doi.org/10.1017/S0033291714002451.
10. GANNA, Andrea; VERWEIJ, Karin J. H.; NIVARD, Michel G.; MAIER, Robert.; WEDOW, Robbee; BUSCH, Alexander S.; ABDELLAOUI, Abdel et al. *Large-Scale GWAS Reveals Insights into the Genetic Architecture of Same-Sex Sexual Behavior.* Science (Nova York, N.Y.) 365, nº 6456 (30 de agosto de 2019): eaat7693. https://doi.org/10.1126/science.aat7693.
11. BBC NEWS BRASIL. *As revelações do estudo que descartou o gene gay.* 30 DE AGOSTO DE 2019. HTTPS://WWW.BBC.COM/PORTUGUESE/GERAL-49523102.
12. SILVEIRA MATTE, Ursula da; CARDOSO-DOS-SANTOS, Augusto César.; RODRIGUES, Graziella; OLIVEIRA, Marcelo Zagonel de; Tagliani-RIBEIRO, Alice; HECK, Selia; DRESCH, Vanusa; SCHOSSLER, Merci; SCHULER-FACCINI, Lavínia. *Decifrando o 'mistério dos gêmeos': vinte anos de pesquisa em Cândido Godói.* Rio Grande do Sul. Clinical & Biomedical Research 39, nº 2 (2019).
13. CIANI, Andrea Camperio, BATTAGLIA, Umberto.; e ZANZOTTO, Giovanni. *Human Homosexuality: A Paradigmatic Arena for Sexually Antagonistic Selection?* Cold Spring Harbor Perspectives in Biology 7, nº 4 (abril de 2015): a017657. https://doi.org/10.1101/cshperspect.a01765.

14. BAO, Ai-Min, e Dick F Swaab. "Sexual Differentiation of the Human Brain: Relation to Gender Identity, Sexual Orientation and Neuropsychiatric Disorders". Frontiers in Neuroendocrinology 32, nº 2 (abril de 2011): 214–26. https://doi.org/10.1016/j.yfrne.2011.02.007.
15. LUDERS, Eileen, SÁNCHEZ, Francisco J.; GASER, Christian; TOGA, Arthur W.; NARR, Katherine L.; HAMILTON, Liberty S.; VILAIN, Eric. *Regional gray matter variation in male-to-female transsexualism*. NeuroImage 46, nº 4 (15 de julho de 2009): 904–7. https://doi.org/10.1016/j.neuroimage.2009.03.048.
16. BROWN, Kay. *On The Science of Changing Sex: A Layman's Guide to Transsexuality and Transgenderism*. Amazon, 2020.
17. BAILEY, J. Michael, HSU, Kevin J.; JANG, Henry H.. *Elaborating and Testing Erotic Target Identity Inversion Theory in Three Paraphilic Samples*. Archives of Sexual Behavior, 6 de julho de 2023.
18. CITADO EM DREGER, Alice. *Galileo's middle finger: Heretics, activists, and one scholar's search for justice*. Penguin Books, 2016.
19. LAWRENCE, Anne A. *Men trapped in men's bodies: Narratives of autogynephilic transsexualism*. Springer Science & Business Media, 2012.
20. MUELLER, Sven C., GUILLAMON, Antonio.; ZUBIAURRE-ELORZA, Leire.; JUNQUE, Carme.; GOMEZ-GIL, Esther.; URIBE, Carme.; KHORASHAD, Behzad S., et al. *The Neuroanatomy of Transgender Identity: Mega-Analytic Findings From the ENIGMA Transgender Persons Working Group*. The Journal of Sexual Medicine 18, nº 6 (junho de 2021): 1122–29.
21. KALTIALA, Riittakerttu; BERGMAN, Hannah; CARMICHAEL, Polly; de GRAAF, Nastasja M.; RISCHEL, Karen Egebjerg; FRISÉN, Louise; SCHORKOPF, Martina; SUOMALAINEN, Laura; WAEHRE, Anne. *Time trends in referrals to child and adolescent gender identity services: a study in four Nordic countries and in the UK*. Nordic Journal of Psychiatry 74, nº 1 (2 de janeiro de 2020): 40–44.
22. BIGGS, Michael. *The Dutch Protocol for Juvenile Transsexuals: Origins and Evidence*. Journal of Sex & Marital Therapy 49, nº 4 (2023): 348–68. https://doi.org/10.1080/0092623X.2022.2121238.
23. HALTIGAN, John D.; Tamara, PRINGSHEIM M.; RAJKUMAR, Gayathiri. *Social media as an incubator of personality and behavioral psychopathology: Symptom and disorder authenticity or psychosomatic social contagion?* Comprehensive Psychiatry 121 (1º de fevereiro de 2023): 152362.
24. VIEIRA, Eli. *Número de LGBTs está explodindo entre mais jovens. Menos 'armário' ou contágio social?* Gazeta do Povo, 11 de abril de 2022. https://www.gazetadopovo.com.br/ideias/numero-de-lgbts-esta-explodindo-entre-mais-jovens-menos-armario-ou-contagio-social/.
25. BAILEY, J. Michael; VASEY, Paul L.; DIAMOND, Lisa M.; BREEDLOVE, S.; Marcvilain, Eric; EPPRECHT, Marc. *Sexual Orientation, Controversy, and Science*. Psychological Science in the Public Interest: A Journal of the American Psychological Society 17, nº 2 (setembro de 2016): 45–101.
26. KAUFMANN, Eric. *Born This Way? The Rise of LGBT as a Social and Political Identity*. Center for the Study of Partisanship and Ideology, 11 de outubro de 2022. https://www.cspicenter.com/p/born-this-way-the-rise-of-lgbt-as-a-social-and-political-identity.

27. CANTOR, James. *Do Trans Kids Stay Trans When They Grow Up?* Sexology Today (blog), 11 de janeiro de 2016. http://www.sexologytoday.org/2016/01/do-trans-kids-stay-trans--when-they-grow_99.html.
28. NHS. *NHS Standard Contract for Gender Identity Development Service for Children and Adolescents*. 30 de dezembro de 2019. https://www.england.nhs.uk/wp-content/uploads/2017/04/gender-development-service-children-adolescents.pdf.
29. O'MALLEY, Stella; AYAD, Sasha; MARCHIANO, Lisa. *When Kids Say They're Trans: A Guide for Thoughtful Parents*. Swift Press, 2023.
30. LITTMAN, Lisa. *Parent Reports of Adolescents and Young Adults Perceived to Show Signs of a Rapid Onset of Gender Dysphoria*. PLOS ONE 13, nº 8 (16 de agosto de 2018): e0202330.
31. DIAZ, Suzanna; BAILEY, J. Michael. *Rapid Onset Gender Dysphoria: Parent Reports on 1655 Possible Cases*. Archives of Sexual Behavior 52, nº 3 (1º de abril de 2023): 1031–43.
32. REILLY, Wilfred. *Activists Now Have the Power to Spike Scientific Research They Don't Like*. National Review, 24 de junho de 2023. https://www.nationalreview.com/2023/06/activists-now-have-the-power-to-spike-scientific-research-they-dont-like/.
33. TWOHEY, Megan, e Christina JEWETT. *They Paused Puberty, but Is There a Cost?* The New York Times, 14 de novembro de 2022. https://www.nytimes.com/2022/11/14/health/puberty-blockers-transgender.html.
34. RAYNER, Gordon. *Puberty Blockers Were given to Almost All Children Sent for Assessment by Tavistock Clinic*. The Telegraph, 20 de janeiro de 2023. https://www.telegraph.co.uk/news/2023/01/20/puberty-blockers-given-almost-children-sent-assessment-tavistock/.
35. BARNES, Hannah. *Time to Think: The Inside Story of the Collapse of the Tavistock's Gender Service for Children*. Swift Press, 2023.
36. VIEIRA, Eli. *Bloqueio da puberdade: cem crianças podem ser parte de experimento*. Gazeta do Povo, 31 de janeiro de 2023. https://www.gazetadopovo.com.br/ideias/criancas-podem-ser-vitimas-de-perigoso-experimento-de-transicao-de-genero-na-usp/.
37. ALESP. *CPI - Tratamento para Transição de Gênero em Crianças e Adolescentes no HC-São Paulo - 17/08/2023*, 2023. https://www.youtube.com/watch?v=YsVu9dHyoCY. A citação de Saadeh está na minutagem 1:00:30.
38. BBC TWO - *Transgender Kids: Who Knows Best?* BBC, 12 de janeiro de 2017. https://www.bbc.co.uk/programmes/b088kxbw.
39. VIEIRA, Eli. *Defensores de transição de gênero em crianças usam difamação e calúnia*. Gazeta do Povo, 13 de fevereiro de 2024. https://www.gazetadopovo.com.br/ideias/defensores-de-transicao-de-genero-em-criancas-usam-de-difamacao-e-calunia-contra-pesquisadores/.
40. DREGER, Alice. *Galileo's middle finger: Heretics, activists, and one scholar's search for justice*. Penguin Books, 2016.
41. ROWSON, Everett K. *The Effeminates of Early Medina*. Journal of the American Oriental Society 111, nº 4 (1991): 671–93.
42. TUREK, Jan. *Sex, Transsexuality and Archaeological Perception of Gender Identities*. Archaeologies 12, nº 3 (10 de dezembro de 2016): 340–58.
43. VIEIRA, Eli. *Transexuais no esporte feminino: as consequências de favorecer a inclusão acima do mérito*. Gazeta do Povo, 10 de outubro de 2021. https://www.gazetadopovo.com.br/ideias/transexuais-no-esporte-feminino-as-consequencias-de-favorecer-a-inclusao-acima-do-merito/.

44. D'EVREUX, Yves e César Augusto MARQUES (trad.). *Capitulo V: De um Indio, condenado á morte, que pedio o baptismo antes de morrer*. In Viagem ao norte do Brazil feita nos annos 1613 a 1614. 1874. https://www.gutenberg.org/cache/epub/63258/pg63258-images.html.
45. LIFESTYLE MEDIA. *Living Transparently*, 2 de março de 2020. https://lmgfl.com/parenting-trans-children/.
46. SHRIER, Abigail. *Top Trans Doctors Blow the Whistle on 'Sloppy' Care*. The Free Press, 4 de outubro de 2021. https://www.thefp.com/p/top-trans-doctors-blow-the-whistle.

6 – GRUPO CONTINENTAL, OU MELHOR, RAÇA

1. PATROCÍNIO, José do; REBOUÇAS, André. *Manifesto da Confederação Abolicionista do Rio de Janeiro*. Typ. da Gazeta da Tarde, 1883. https://www2.senado.gov.br/bdsf/handle/id/174454.
2. MOUNK, Yascha. The Identity Trap: A Story of Ideas and Power in Our Time. Penguin Press, 2023.
3. DREGER, Alice. Galileo's Middle Finger: Heretics, Activists, and One Scholar's Search for Justice. Penguin Books, 2016.
4. PARKER, Heidi G.; KIM, Lisa V.; SUTTER, Nathan B.; CARLSON, Scott; LORENTZEN, Travis D.; MALEK, Tiffany B.; JOHNSON, Gary S.; DEFRANCE, Hawkins B.; OSTRANDER, Elaine A.; KRUGLYAK, Leonid. *Genetic Structure of the Purebred Domestic Dog*. Science 304, nº 5674 (21 de maio de 2004): 1160–64. https://doi.org/10.1126/science.1097406.
5. MEIRMANS, Patrick G.; HEDRICK, Philip W. *Assessing Population Structure: F_{ST} and Related Measures*. Molecular Ecology Resources 11, nº 1 (26 de outubro de 2010): 5–18.
6. TORTOSA, María; VELASCO, Pablo.; AFONSO, Desirée.; Guillermo, PADILLA, RÍOS, Domingo.; SOENGAS, Pilar. *Characterization of a Spanish Brassica Oleracea Collection by Using Molecular and Biochemical Markers*. Scientia Horticulturae 219 (2017): 344–50.
7. CAVALLI-SFORZA, Luigi L. *The History and Geography of Human Genes*. Princeton University Press, 1994.
8. EDWARDS, A. W. F. *Human Genetic Diversity: Lewontin's Fallacy*. BioEssays 25, nº 8 (2003): 798–801. https://doi.org/10.1002/bies.10315.
9. HAACK, Susan. *Defendendo A Ciência — Dentro Do Razoável: Entre o Cientificismo e o Cinismo*. Stentor Books, 2023.
10. TRADUÇÃO DISPONÍVEL EM: REICH, DAVID. *Como a genética está mudando o que entendemos por raça*. Xibolete, 2 de abril de 2018. https://www.xibolete.org/p/raca.
11. MAGNOLI, Demétrio. *Uma Gota de Sangue: História Do Pensamento Racial*. Editora Contexto, 2015.
12. VIEIRA, Eli. *Não viemos do estupro: A vez da biologia*. Gazeta do Povo, 13 de outubro de 2020. https://www.gazetadopovo.com.br/ideias/nao-viemos-do-estupro-a-vez-da-biologia/.
13. VIEIRA, Eli. *Progressistas insistem em difamar mestiçagem atribuindo-a ao estupro*. Gazeta do Povo, 8 de dezembro de 2023. https://www.gazetadopovo.com.br/ideias/progressistas-insistem-em-difamar-a-mesticagem-brasileira-atribuindo-a-ao-estupro/.
14. DOUGLASS, Frederick. *Delphi Complete Works of Frederick Douglass*. Organizado por Delphi Classics. 1ª edição. Delphi Classics, 2019.

15. KENDI, Ibram X. Idea: *Pass an Anti-Racist Constitutional Amendment*. Politico, 2019. https://politico.com/interactives/2019/how-to-fix-politics-in-america/inequality/pass-an-anti-racist-constitutional-amendment/.
16. VIEIRA, Eli. 'Universitários progressistas, sem saber, concordam com frases de Hitler'. Gazeta do Povo, 24 de abril de 2023. https://www.gazetadopovo.com.br/ideias/universitarios-progressistas-sem-saber-concordam-com-frases-de-hitler/.
17. VIEIRA, Eli. *"Bebês racistas? Ninguém escapa da obsessão rotuladora do identitarismo"*. Gazeta do Povo, 6 de junho de 2022. https://www.gazetadopovo.com.br/ideias/bebes-racistas-ninguem-escapa-da-obsessao-identitaria/.
18. POSER, Rachel. *Ibram X. KENDI Faces a Reckoning of His Own*. The New York Times, 4 de junho de 2024. https://www.nytimes.com/2024/06/04/magazine/ibram-kendi-center-for-antiracist-research.html.
19. CRENSHAW, Kimberlé.; GOTANDA, Neil.; PELLER, Gary.; e THOMAS, Kendall. *Critical Race Theory: The Key Writings That Formed the Movement*. The New Press, 1995.
20. VIEIRA, Eli. *Rachel Dolezal: resultado de abuso infantil, pós-modernismo e redes sociais*, 28 de março de 2022. https://www.elivieira.com/p/rachel-dolezal.
21. ANDIFES. *UFRGS aprova mudanças na Política de Ações Afirmativas*. 25 de setembro de 2017. https://www.andifes.org.br/2017/09/25/ufrgs-aprova-mudancas-na-politica-de-acoes-afirmativas/.
22. VIEIRA, Eli. *Manifestação contra as cotas raciais no Senado*. Setembro de 2023. https://x.com/EliVieiraJr/status/1788261415062532505.
23. HOLMES, Rachel. *The Hottentot Venus: The Life and Death of Sarah Baartman*. Bloomsbury Publishing PLC, 2020.
24. NASHVILLE SCHOOL SHOOTING. EM WIKIPEDIA, acesso em 15 de novembro de 2023. https://en.wikipedia.org/w/index.php?title=2023_Nashville_school_shooting&oldid=1185275981#cite_note-13.
25. BRASCH, Ben. *Who Should See a Shooter's Journal?* In Nashville, a Leak Heightens Debate. Washington Post, 9 de novembro de 2023. https://www.washingtonpost.com/nation/2023/11/09/nashville-covenant-shooter-motive-writing/.

7 – DEFICIÊNCIA E RESILIÊNCIA

1. RENSIN, Emmett. *The Complications: On Going Insane in America*. Nova York: Harper One, 2024.
2. SALA, Emanuela; TERRANEO, Marco; LUCCHINI, Mario; KNIES, Gundi. *Exploring the impact of male and female facial attractiveness on occupational prestige*. Research in Social Stratification and Mobility 31 (2013): 69–81.
3. BUSS, David M. *Sex differences in human mate preferences: Evolutionary hypotheses tested in 37 cultures*. Behavioral and brain sciences 12, no 1 (1989): 1–14.
4. VIEIRA, Eli. *Gordofobia do coronavírus: políticas públicas minimizaram obesidade associada à Covid-19*. Gazeta do Povo, 7 de janeiro de 2022. https://www.gazetadopovo.com.br/ideias/gordofobia-do-coronavirus-politicas-publicas-minimizaram-obesidade-associada-a-covid-19/.

5. IFSC VERIFICA. *O Que é Capacitismo e Como Podemos Combatê-Lo?* INSTITUTO FEDERAL DE SANTA CATARINA, 26 de setembro de 2023. https://www.ifsc.edu.br/web/ifsc-verifica/w/o-que-e-capacitismo-e-como-podemos-combate-lo-.
6. VIEIRA, Eli. *"Decidi viver com as vozes na cabeça": Movimentos desafiam a psiquiatria.* Gazeta do Povo, 30 de maio de 2022, seç. ideias. https://www.gazetadopovo.com.br/ideias/decidi-viver-com-as-vozes-na-minha-cabeca-movimentos-com-vocabulario-e-ideario-progressista-desafiam-a-psiquiatria/.
7. OLVERA, Caroline; STEBBINS, Glenn T.; GOETZ, Christopher G.; KOMPOLITI, Katie. *TikTok Tics: A Pandemic Within a Pandemic*, 28 de julho de 2021.
8. VIEIRA, Eli. *Genética confirma: diagnóstico de autismo na psiquiatria é amplo demais.* Gazeta do Povo, 3 de agosto de 2023. https://www.gazetadopovo.com.br/ideias/genetica-confirma-diagnostico-de-autismo-empregado-na-psiquiatria-e-amplo-demais/.
9. VIEIRA, Eli. *Adélio Bispo, Thomas Crooks, e o dilema entre transtorno e culpa.* Gazeta do Povo, 24 de julho de 2024. https://www.gazetadopovo.com.br/ideias/adelio-bispo-thomas-crooks-dilema-entre-saude-mental-transtorno-culpa-por-crimes/.
10. CAMPANA, Lilian.; CASTELLAR, Guilherme. *Diário de uma besta.* São Paulo: Sagarana Editorial, 2020.
11. ARBEX, Daniela. *Holocausto brasileiro: Vida, genocídio e 60 mil mortes no maior hospício do Brasil.* São Paulo: Geração Editorial, 2013.
12. DIEGO, Kristinn Arnar.; HARDONK, Stefan C. *Deaf Identity Under Pressure: Experiences of Deaf Persons in Iceland.* The Journal of Deaf Studies and Deaf Education 28, no 2 (1º de abril de 2023): 235–45.
13. YOUNG, Cathy. *The Radical Deaf.* Reason, 11 de agosto de 2006. https://reason.com/2006/11/08/the-radical-deaf/.

COMO ENTREI NESTA: BREVE NOTA AUTOBIOGRÁFICA

1. HAIDT, Jonathan; LUKIANOFF, Greg. *The coddling of the American mind: How good intentions and bad ideas are setting up a generation for failure.* Penguin UK, 2018.
2. DWORKIN, Ronald. *Women and pornography.* Moral Issues in Global Perspective, 1993, 117.
3. VIEIRA, Eli; MANO, Camila; REYNALDO, Daniel; Ágape, David; BIGARAN, Vanessa. *Principais estatísticas brasileiras de morte por homofobia são falsas, conclui checagem independente.* LIHS – Liga Humanista Secular do Brasil, 1º de maio de 2019. https://lihs.org.br/sociedade/homofobia/.
4. VIEIRA, ELI. *Favoráveis à criminalização das "fake news", ministros do STF usaram notícia falsa em lei de homofobia.* Gazeta do Povo, 14 de abril de 2022. https://www.gazetadopovo.com.br/ideias/favoraveis-a-criminalizacao-das-fake-news-ministros-do-stf-usaram-noticia-falsa-em-lei-de-homofobia/.
5. VIEIRA, Eli. *The Brazilian LGBT Movement Loved Me — Until I Defended Free Speech.* Queer Majority, 6 de outubro de 2023. https://www.queermajority.com/essays-all/the-brazilian-lgbt-movement-loved-me.

ASSINE NOSSA NEWSLETTER E RECEBA INFORMAÇÕES DE TODOS OS LANÇAMENTOS

www.faroeditorial.com.br

CAMPANHA

Há um grande número de pessoas vivendo com HIV e hepatites virais que não se trata. Gratuito e sigiloso, fazer o teste de HIV e hepatite é mais rápido do que ler um livro.

FAÇA O TESTE. NÃO FIQUE NA DÚVIDA!

ESTE LIVRO FOI IMPRESSO PELA

GRÁFICA HROSA

EM FEVEREIRO DE 2025